個體心理學講座

阿德勒談校園裡的問題兒童——

Individualpsychologie in der Schule

Alfred Adler
阿德勒——著
彭菲菲——譯

正確理解問題兒童的
生命風格，
便能引導他們認識自己、
成就自己。

各界推薦

百年前的阿德勒，字字雋永。透過百年前經典案例描述，我們讀到了現代孩子的困境，願將此書推薦給每位關心孩子、渴望陪伴孩子走出困境的每一位夥伴。

——李家雯　諮商心理師、臺灣阿德勒心理學會副理事長

此書以淺顯易懂的文字搭配情境實例，引導喜愛阿德勒心理學的讀者，重新解讀難管教孩子的困境以及如何使用早期記憶與夢等方法，走進孩子的內心世界，是一本適合隨身攜帶的小書。

——吳淑禎　臺灣師範大學師資培育學院副教授

現今的孩童總是受到極度的關注與保護。也常看到這些被寵愛的孩子，總是只關注自己，認為沒有必要關心他人的利益，缺乏同理心，甚至成為難以管教、不符合社群規範的孩子。這本書是阿德勒的教導，能找出這類孩子的缺失並修正，以改善孩童、老師

與家庭的問題。

——林蕙蓉　臨床心理師、臨床心理師全聯會理事、輔仁大學臨心系講師

個體早期家庭經驗會影響到個人目前生活的經驗。本書適合父母／老師回顧自己的家庭關係與童年生活，從而建立親子／師生的合作關係。一個人與生俱來的特質並不重要，重點是他從中如何蛻變。阿德勒舉出許多生活化的案例，生動寫實，引導讀者幫助孩子克服困難，擁有行動力創造力的自信，發展社會興趣與人際關係。

——林蕙瑛　東吳大學心理學系兼任副教授

本書如實呈現阿德勒當年演講內容，從個體心理學理論到學校輔導實務，帶領讀者跨越時空與大師相會……

——張英熙　臺北市立大學幼兒教育學系副教授、看見孩子的亮點作者

儘管一百年過去了，阿德勒的許多思想，對於當代的教育、教養與自我成長議題，還是充滿啟發。

——蘇益賢　臨床心理師

專文推薦

拿來用的心理學

我坐在臺北教育大學至善樓裡，讀著阿德勒在維也納市立師範學院擔任講師時，傳授給教師們的個體心理學內容。從九十年前的師範學院到當代的教育大學，從維也納到臺北，我們堅持在這條路上前行，阿德勒與我、與您一起。我們也許是父母，也許是老師，也許是爺奶姨媽，或是隔壁的叔叔阿姨，我們更是我們自己。懷抱著心中的小孩，他是你自己，或是你身邊的孩子，請打開這本書，細細體會孩子經歷的童年時光，如何一點一滴型塑出主導人生走向的生命風格。

成書的那一年是一九二九，阿德勒五十九歲，世界性的經濟大蕭條正悄悄開始潛入生活，散播困苦的種子。阿德勒與夥伴孜孜不倦，做該做的事，自一九一一年成立個體心理學以來，到處奔走促請成立「教育諮詢中心」，協助成長中的孩子。隔年，阿德勒把個體心理學帶上美洲大陸。

成書的那一年是昭和四年。一八九五年甲午戰爭結束後，日本治理臺灣，翌年設立「臺灣總督府國語學校」，後來改名為師範學校，招收十三歲以上的中學青年從事教育。血氣方剛的少年們，在昭和元年爆發臺籍與日籍學生衝突，引發學潮，是以校方特意分設臺灣總督府臺北第二師範學校，區隔臺籍學生。昭和四年，臺籍的第二師範學校邁入第三個年頭，一直走到現在，是我所工作執教的臺北教育大學。我今天剛完成申請轉系學生的審查，看到年輕人帶著熱情走入諮商與輔導，我知道一方面是興趣，另一方面是我國剛通過《學生輔導法》，各級學校不論大小至少需要一位專任輔導老師。我們社會裡從小學的輔導室、大學的學生諮商中心、跨校的學生輔導諮商中心，到社區的心理健康諮詢服務，見證著阿德勒九十年前為「教育諮詢中心」的呼籲。

在兒童成長的路上，從北教大的明德樓、親民樓與至善樓，到個體心理學的社群情懷，雖然我們用不同的語言，但懷抱的是同一個情懷。我今天在至善樓電梯裡聽見兩個年輕人在聊天。

高個兒問：「你怎麼那麼高興？」

小個兒說：「我把這個任務完成了。我們大學四年，就是在刷……」我心中默默幫他完成語句，嗯，在刷存在感。可是，我耳裡聽到：

「就是在刷頁獻度！」

我眼睛一亮，好興奮，電梯門開，他們踏步離去，我抬頭望著他們，感動得舉起大拇指在即將關閉的電梯門縫中大喊，「好讚！在刷頁獻度。」

一九三〇年，阿德勒總集他的演講稿出書《*The Science of Living*》，中文翻譯版是《阿德勒心理學講義》（經濟新潮社），英文版的第一章由Phillipe Mairate撰寫，文中盛讚阿德勒是西方的孔子（Confucius of the West），可惜中文翻譯版省去了這一章。兩個小小阿德勒年輕人恐怕覺得孔子日已遠，但沒關係，聽過阿德勒。

阿德勒在書中清楚提醒我們，對於人的理解只有一個方法，就是將心比心、設身處地——以他的眼睛觀察世界，以他的耳朵聆聽世界，以他的心感受世界。他慈愛地說，一旦設身處地思考，你可能也會做出相同的行為並犯下相同的錯誤。生活中孩子被期待要完成好多任務，可是成長過程裡是否沒有人教他如何準備，以致他沒準備好，任務就來了，於是陷入困境，做不到社會的要求。

他是無辜的（第九章）。每一個辛苦成長的你與我，現在閱讀中的你，請好好愛小小的自己，那時候的我們，阿德勒懂，好無辜。

當孩子捉弄搗蛋，把大人惹得很煩時，想想看孩子是否企圖吸引注意，這是他連結的一種方法（connection）？

當孩子大聲回嗆、權力抗爭、挑戰挑釁，把大人氣得七竅生煙時，孩子是否是在訴說他多麼渴望自己的能力被看到（capability）？

當孩子自傷、傷人、打架鬧事，讓大人痛心得不解孩子為何這麼不懂事時，是否有想到孩子多麼渴望團體中的歸屬感，多麼希望自己有價值與貢獻（contribution）？

當孩子自暴自棄、自毀前程、拒學疏離，而大人在旁束手無策、深覺遺憾時，是否有想過孩子已經走過了多少努力與挫折，此刻最渴求的是勇氣（courage）？

這是我感受到的「渴望４Ｃ」。孩子外在的行為也許有違社會規範，犯下或大或小的錯誤，但是內在的４Ｃ渴望永遠是對的。如同你與我，我們在家中、在工作崗位上、在朋友群中、在親密關係裡，也渴求與他人連結、發揮能力、投入貢獻、與鼓起勇氣。當代阿德勒學者 Betner & Lew（1990）從個體心理學中衍伸出來的關鍵４Ｃ（the crucial C's），我修改了第三個Ｃ，本來是count，我改成contribution，稱為「渴望４Ｃ」。行為上我們可能會犯錯，而這渴求永遠值得追尋。「渴望４Ｃ」寫給孩子，也是給你與我。

個體心理學的終極目標是社群情懷。社群情懷是天生的嗎？如何發展呢？有無可能永遠達不到呢？阿德勒告訴我們，社群情懷是與生俱來的配備，如同語言能力一樣，大腦已經設定好了，但是需要機會學習與發展，需要被喚醒（第九章）。現代的腦科學也印證了個體心理學之理論，人類大腦基本上就是一個社會腦。那麼誰來喚醒孩子的社群情懷呢？九十年前的阿德勒看到母親的功能，母親是孩子降生於世第一個產生連結的人，母親首要目標是成為孩子值得信賴的夥伴，第二目標是把孩子對母親的關注，引導到孩子對他人發生興趣，第三目標協助孩子長出能力，為即將來到的三個生命任務——工作投入、夥伴情誼、與親密關係做好準備（第一章）。

「渴望4C」永遠是對的，但採用錯誤方法的孩子，仍在社群情懷的路上顛簸著，要如何協助呢？阿德勒在第三章中說，引導孩子自我認知、了解自己的生命風格。可從孩子的記憶片段中，看到已經自動化運作的生命風格，看懂他錯誤行為背後的渴望。我們可模擬孩子從母親身上找到的生存之道，與孩子建立連結、肯定孩子的能力、給與孩子歸屬感、製造機會讓他貢獻，理解孩子曾有過的努力、曾受過的挫折，方能一點一滴贏得孩子對我們的信賴。然後我們把孩子對我們的信賴與關懷，引導擴展到其他人、到更大的群體，漸漸地孩子的社群情懷便會被喚醒。阿德勒念茲在茲，我們要成為孩子「遲來的母親」，生命中的好夥伴。

關於自我生命風格的理解，阿德勒提出的方法是回探童年記憶與夢（第五、六、

七、八章）。個體心理學，individual psychology之individual，中文將之翻譯為個體，感覺上像是強調個人主義，事實上individual字源是individuum，in表示不可，dividuum表示分割，意指「不可分割的整體」。如果當時翻譯成《整體心理學》會更貼切。而這個整體包括個人內在身心一體，以及個人與外界的群我社會一體。即使小小記憶片段也與生命風格是一體的，也與個人與社會相互關聯著，可從童年回憶中一窺個人的生命風格，了解他與社會的關係與生存方式。阿德勒描繪了一個自己在墓園中鍛鍊勇氣的回憶，奇妙的是同學們無人記得那兒有座墓園。記憶沒有真假之分，而是如何被拿來用在生活中。有個孩子記得兩歲時被爸爸拔走奶嘴，他大聲尖叫。阿德勒懂孩子的心情，「這世界很殘忍，我突然被剝奪原有的特權。」孩子帶著這樣的記憶，時時注意自我確保，覺得隨時有人搶走所有資源。

夢與記憶具有同樣的功能，是我們自己把經歷的事件，記成我們所想要的樣子，成為生活的指引；是夜裡我們把擔憂與懷想形成夢境，作為白天的自己面對生活時之提醒。所要指引的、所要提醒的，是我們日日在人群中實踐的三項生命任務：工作付出、夥伴情誼、與親密關係。

從幻象的記憶與夢，到真實的生命任務，個體心理學中「身心一體」與「群我一體」

之整體性，今藉由商周出版社帶給您，阿德勒必然覺得有趣。商周出版對一般讀者而言，大體上來自商業週刊的印象，然而「商周」在我的想像中更是浪漫的商朝與理性的周朝之結合。商周除了聚焦在企管經營範圍外，也深耕社會人文領域，希望將不同類型好作品多多推廣給大眾，二〇一七年商周出版阿德勒的《認識人性》，二〇二〇年出版出書，都是直接從德文翻譯過來，讓我們少一層語言的仲介，多一層文化的思考，本書與眾多企管經營的書放在同個書架上，正好呼應了您在本書常常看到的「有用」之概念：「開闢一條對自己有用，同時也顧及他人利益的道路。」（第二章）

阿德勒說，個體心理學是要拿來用的。有用，是王道。

吳毓瑩

本文作者為臺北教育大學心理與諮商學系教授、臺灣阿德勒心理學會（TSAP, Taiwan Society of Adlerian Psychology）理事長

專文推薦

用專業與友善理解我們的孩子

小一的孩子在教室裡，未經同意的拿走他人的物品。

小六的孩子在群體中，常和人一言不合就拳腳相向。

國三的孩子宅在家裡，日夜沉迷於網路遊戲。

高二的孩子在網路上，發表與散播不當言論。

身為教育與輔導工作者，每當面對這些「難以管教」孩子時，總會想著：這些孩子是怎麼走入現在的困境？我們該如何看待這些錯誤的行為？我們有沒有具體有效的方法來導正孩子的偏差行為？

《個體心理學講座：阿德勒談校園裡的問題兒童》一書正是彙整了阿德勒在一九二八年以學校裡的問題兒童為主題，教育與訓練教師們關於改善孩子偏差發展的授課內容。很顯然的，九十多年的時空流轉沒有造成閱讀上的隔閡，我們至今依然可以從生活周遭的許多角落看見書中孩子的身影。透過閱讀，我們可以學習阿德勒面對與解決孩子問題行為的智慧，讓阿德勒穿越時空的帶領著我們一步一步的用孩子的眼睛去看、用孩子的耳朵去聽、用孩子的心去感受他獨一無二的世界，既好奇又謹慎的去拆、既專業又敏銳的去猜，拆開影響個體整體生命風格的每個關鍵部分、猜測個體的行為樣態背後那整體生命軸線之所向。

阿德勒說：「偏差只會發生在解決任務的當下」，這些身處於困境的孩子正使出渾身解數，一心一意的用無益生活的創造性能量為自己排解困難，種種的行為問題顯示的是孩子「尚未準備好」面對生活課題與生命任務的要求。阿德勒又說：「事實並不重要，而是我們如何看待它們」，我們對孩子行為的詮釋將會引領著我們關閉或開啟改變的行動。從這個角度來理解，教育就有了著力點與方向：

未經同意的拿走他人的物品，會不會是還沒發展好自律？

總是一言不合就拳腳相向，會不會是還沒學會溝通能力？

日夜沉迷於網路遊戲，會不會是沒預備好承擔真實的責任？

發表與散播不當言論，會不會是還沒具備合乎常識的判斷力？

阿德勒說：「所謂的理解，即是認知事物間彼此的連結」，當我們願意用不同以往的方式來「理解」孩子的偏差行為時，我們和孩子之間開始產生了連結，我們就有機會更貼近孩子，找出孩子不正確的自我定位。但要如何找出孩子的自我定位與行動軸線呢？在書中，阿德勒將個體心理學理論透過個案討論，轉化為切合實務又淺顯易懂的常識，讓我們學習如何運用早期回憶、夢想、幻想與夢境，以及書末附錄的個人心理調查問卷作為參考架構，橫向與縱向的檢視「生活方式的碎片」，脈絡化的探尋孩子的生命風格。

於是我們恍然大悟，原來孩子的錯誤行為是氣餒的結果、是錯誤訓練的結果。阿德勒說：「這些錯誤可以用平和、有耐心且不帶威脅的方式釐清」，阿德勒帶領我們以客觀的旁觀者角色，透過專業的猜測與求證歷程，來理解許多偏差行為的孩子以及孩子身邊的重要他人，是如何思考與行動、如何主觀的評價他的社會關係，藉此我們得以看見整體脈絡、也看見帶來改變的可能。

個體心理學的軟性決定論讓我們有機會重新詮釋與重新導向：我們需要喚醒與培養孩子的社會情懷。因此大人要能感同身受的同理孩子困境，給孩子機會去探索與體驗，幫助孩子瞭解自我，看見自己的行為動向與生命風格，並透過鼓勵提升孩子的勇氣，幫助孩子修正補償自卑感的錯誤方式，做好面對生命任務的準備。同時，大人也要做好放手與放心的預備，要有成就孩子成為獨立個體的決心與行動。結論看來是常識，推測結論的過程與確立導正的方向卻是高深細膩的學問，值得仔細閱讀《個體心理學講座：阿德勒談校園裡的問題兒童》一探究竟。

在本書中，除了可學習到個體心理學兼具深厚紮實的理論與脈絡清晰的案例分析，還能看到阿德勒所強調「不論斷、不責備」的原則與友善的態度在書中展露無遺。讓我們透過阿德勒的示範，學會在探尋問題的歷程中，無論是孩子或大人，沒有人因為犯錯而被批評、論斷或被責備，我們關注的是個體本身，我們要做的是研究如何幫助他們。阿德勒在書中正向的文字語言與友善的態度，讓我們透過靜默的閱讀，跨越時空的獲得正向的能量。

駱怡如
本文作者為臺灣阿德勒心理學會理事暨課程召集人、高雄市新光國小教師

CONTENTS

前言

這是首次嘗試將個體心理學導入學校，並且幫助學校發展出一個教育單位。這本書包含了我在一九二八年作為維也納市立師範學院講師時，講授給教師們的內容。當時的主題是：校園裡的問題兒童。

讀者會馬上發現，我的目標是促使精神科醫生、教師以及家人通力合作。這本書概述了我與友人近年來對學校教育諮詢中心（Schulberatungsstellen）努力的目標：改善孩童、教師與家庭的命運。或許這對於某些人而言，尤其是那些沒有經驗的人來說是條漫漫長路。

儘管我們個體心理學家、曾經與我們合作過的教師與家長，以及各國認同的教育學者們，有著相異的判斷，但只要我們的工作能持續推動，能成功贏得教師的信任與信心，就可以將教育工作的組織建立在更好的基礎上，並適用於所有為人民福利努力著的人的工作中。

維也納，一九二九年八月三十一日

阿德勒

引言

這本書集結我在維也納市立師範學院講師時對教師授課的內容，俾使他們將個體心理學的基本概念更容易導入學校生活。它補充了多年來個體心理學者在維也納以及國外城市，設立教育諮詢中心所從事的實務項目。對此有興趣的讀者可以參閱《國際個體心理學雜誌第七號年刊》（VII. Jahrganges der *Internationalen Zeitschrift für Individual-psychologie*）中的教育諮詢手冊，文中簡要概述了這個工作。

如果今天有些人認為這本小書的內容看似簡單，我想提醒大家，那是因為對個體心理學不熟悉的外行人，通常只會注意到基礎知識。當然，經過多年的努力，我們已經使這些知識對那些無法區分理論表述以及實務經驗的人都淺顯易懂。另一方面，我們也有充分理由斷言，那些自認為已經深入理解、並且覺得個體心理學膚淺的人，是無法善用這些知識的。

因此多年來，我不僅以科學式完善的方法發展個體心理學，還嘗試與受過精神科專業訓練的醫生、教師以及教育工作者進行合作，訓練並發展實務能力，不然他們無法教育那些難以管教的孩童以及精神官能症患者（Nervöser）。令我們感到驚訝的是，有些持不同見解的讀者想要將一些與器官相關的特定概念獨立抽出，使這些概念被誤解成截然不同的術語。我們對自卑感起源的看法就是一個例子。對我們而言，那是來自面對生活需求而形成緊張（Anspannung）的正向困擾（Erleiden），這些讀者卻將其誤解為是與他人相比較後的結果。還有另一個常被誤解的概念，就是惡意批評我們經過謹慎訓練所採用的推測（Erraten）技巧，有些人甚至認為那是「不科學」的，彷彿用其他方法得出的結果就會與用推測所得的結果不同！

但是我們不該有怨言。因為一旦對個體心理學的領域越熟悉，就越能察覺到它巨大的內在連結，以及我們用來發展心理關係的堅固網絡，理解個體心理學對於預防、消除難以管教性（Schwererziehbarkeit）與精神官能症（Neurose）有著巨大的成效。

我們持續進步。有越來越多教師、教育工作者、醫生和心理學家投入個體心理學的研究。我們在學校教育諮詢中心已經有成功改善學生偏差發展的案例。無論是教師、醫生、父母還有孩子們都以更大的熱情與愛心參與、投入其中。這些學校教育諮詢中心的重要性也日益獲得認可。

這本小書除了可以當作因應學校目的理論和實踐的參考之外，還包含了一份用於理解與輔導難以管教的孩童的調查量表，以及一張「正常與失敗的個體心理學概覽圖」，清楚顯示了缺乏合作能力的原因以及後果。

【第一章】

生命的首要五年

我不打算在這堂課裡大談理論，因為你們都是教育從業人員，結合理論與實務對你們而言更為重要。在這裡我們會探討難以管教的孩童（schwer erziehbare Kinder）的案例，或是由你們提出例子，大家一起討論如何幫助他們。我們不能忽視自己的首要任務是建立孩童與學校的連結，要使他們對學校感興趣。了解學校在孩童生活和一個民族生活中的意義也很重要。我們在這裡討論的是家庭教育的延伸，假使每個家庭都能夠正確教養小孩，那麼學校就是多餘的。從學校的歷史發展沿革中可以發現，過去並不存在學校這樣的機構，因為家庭教育足以滿足當時的需求。過去曾有類似王子學校（Prinzschule）的教育機構，讓貴族子弟可以學習政府事務與行政管理。後來教會為了自身的利益而興辦學校，這既可以促進知識普及，也滿足了教會與國家的需求。學校隨著大眾的需求逐漸發展，這些教育機構也不斷印證自己是因應社會需求而建立的，尤其是在貿易以及科技發展的時代。國民小學因此出現，並且根據執政機關的需求以不同形式施行。

今日我們同樣面臨要如何辦學的問題，但學校必須被視為全民教育的基礎，這點是無庸置疑的。

學校的任務在於培養人們獨立自主生活的能力，不要將所有必要的需求當作事不關己，而是要視為己任並參與其中。國民的理想必須延伸進入家庭。家庭和學校顯然必須有適當的機制，讓人們在離開學校之際就能符合社會需求。

我們觀察的是其中的相互關係，我們理解的人性是一個人對他人的態度以及自身同胞愛（Mitmenschlichkeit）的養成。人格發展的起點並非從學校開始，而是起於家庭，一個人對事物的首要印象在此時就已經定型。所以當孩童入學時，便已經具有家庭給予的既定框架，所以他在就學之際馬上就面臨一項新的任務，教師也一樣。只要孩童針對學校需求準備充分，他面臨的困難就越少，準備不足會增加他在學校的艱難處境。學校就好比一場實驗、一個測試，它顯示孩童對學校中社會任務（soziale Aufgabe）的準備程度。所謂充足的準備指的是能適得其所，這代表他不僅能融入他人，還會顧及他人、關心他人，同時視學校為個人的歸屬並當作是一份禮物。他會將困難視為己任，並嘗試克服它。然而孩童的第一個社會任務並非建立與學校之間的關係，而是與母親之間的。我們可以觀察母親怎麼讓孩子為建立正確關係做好準備。那麼什麼是與母親擁有良好的社會關係（soziale Beziehung）呢？其實就是關心母親，將她視為真正的同伴（Mitmensch）。然而許多偏差都是在這個階段發生的，使得孩童無法成為他人的同伴。

[26]

若母親將所有的關心都放在孩子身上，將孩子帶入舒適圈，會因此使他無法自理，期待一切都由母親處理。母親這種隨時就位的行為，會加劇孩童伴隨而來的行為機械化（mechanisiert），而且因為他從一開始就沒有機會練習如何克服困難，所以會對未來生活欠缺準備。

我們發現另一種沒有從母親身上獲得同伴印象的孩童，他們的內心充滿仇恨，這種例子常常出現在孤兒、私生子女、父母原本不想生的孩子、外表醜陋的孩子或是繼子女身上。這些孩童往往欠缺擁有同伴的印象，他們不知道什麼是愛，自覺身處敵境，他們的生活也是如此。

第一類的孩童會不斷尋找能支持他們的人，而且無法自立。第二類孩童則活在被迫害及歧視的想法之中，他們通常缺乏信任感，也畏懼失敗。這兩類案例都會造成影響一輩子的困擾：可能是不斷需要被嬌寵、因為恐懼而逃跑，或是無時無刻保持警戒，好讓他人無法傷害自己。

孩童在四、五歲以前的經驗就足以使他的行為機械化，他會停止思考印象的本質為何。當一個在家被溺愛的孩童進入學校之後發現自己不再受寵；或是當他進入一個完全陌生的環境時，會感到不舒服，但仍希望自己被寵愛以及成為眾人的焦點。他會不斷觀察是否有人能夠依賴，讓他能成為受矚目的對象。因此他會藉由兩種方式來達成：一種是藉由自制的表現（可能是表現得特別乖巧）來引起他人對自己的注意力，營造類似自己過去曾有的舒適圈，這些孩童對找麻煩毫無興趣。另一種方式是表現懶散、使壞、行為乖張或故意挑釁，讓教師與同學必須放掉其他事務，將注意力轉移至他們身上。此時孩童的生活正在發展成一個過程，從這個過程中我們可以看到，一旦心理方向（seelische Richtung）已經定型，一切事物都會成為導向這個方向的工具。這類型案例中的孩童通常都沒有準備好，他們無法專心、注意力不集中，因為只在乎自己，所以沒有志同道合的同伴。他們認為每項任務都非常困難，所以對任何事都感到卻步，也越來越排斥上學。這些孩童總覺得自己沒有錯，在情感上喜歡待在家裡更甚於去學校，他們對於學校的要求感到厭惡而且有所防備。這個錯誤的基礎顯然無法藉由訓斥或是懲罰改變。

同樣的情形也發生在那些覺得自己被討厭的孩童身上。他們感覺自己被忽視，而且遇到越來越多的困難。首先，我們必須先回顧、了解孩童過去的經歷，教師務必從心理學的全方位角度去檢視。當您注意到一位孩童的偏差（Fehler）時，必須想到他的母親可能已經溺愛他四、五年了。他認為和母親待在家中勝過一切，並且會試圖排斥一切對外的可能，因為失樂園是無法取代的。這個孩童還沒準備好與他人互助合作、成為他人同伴以及和他人一起玩耍，他也不會去嘗試確認自己在必要時是否有能力付出。我們應該

[28]

樂於看到以這種方式進行教師的工作可以充滿樂趣，同時可以避免種種難題。當一位教師需要同時顧及三十至四十位學生時，唯一可以減輕負擔的方式就是熟稔每位孩童的屬性，一旦掌握後就不容易犯錯。可惜沒有一個能讓這項工作更加明確的規則可循，但是藉由個體心理學幾乎可以有效避免明顯的偏差。這個認識人性的唯一方法不僅能讓孩童走向正確的道路，也能引導父母避免將孩童指引至錯誤的方向。

在此我想提出一個關鍵的問題。我們都同意，家庭教育往往相當不完整，也經常會想要減輕孩童在表現和生活上的負擔。父母最大的財富就是孩子，希望自己的孩子永遠保持一個特殊地位。孩子可以感覺到父母的希望，也願意保持這種特殊地位，享受它所帶來的好處。所以許多被寵壞的孩子就是這樣出現的。

這些孩童和上述第二類的孩童都缺乏社群情懷（Gemeinschaftsgefühl），他們對他人毫不在意。如果他們是被溺愛的孩子，就只會著眼自身的利益；如果他們是被厭惡的孩子，就不懂什麼是同伴，因為他們沒有過類似的經歷。他們會更加自私，但自私並非與生俱來的，而是源自於他們幼童時期的經歷。造成這個主要傷害的原因是孩童缺乏歸屬感、適應不良，他無法將自己視為群體的一員。他缺乏勇氣，無法自我成長，面對每項任務都會處於緊張（Spannung）之中，而這個狀態會以不同方式呈現出來。每項新任務都可以視為一個測試或一項實驗。我們必須了解孩童在面對任務時的行為反應，並且敏銳觀察過程中的所有細微差異。這裡不會有所謂的單一現象，因為他一輩子展現的生命風格（Lebensstil）都會一致。偏差只會發生在解決任務的當下，否則孩童在沒有他人的要求或是遭遇困境的狀況中，我們是無法觀察到任何現象的。孩童會如何反應只能靜待觀察，只有當他面臨新的情境時，我們才會看到他是否準備就緒。但是我們無法等到教會所有的父母什麼是適當的準備，也不能等到孩童做出嚴重或輕微的偏差行為。當一門科學發展到一定程度時，不能安於現狀，等著下個錯誤發生再修正，而是必須防患未然。如果教師具有符合現實並且有成效的心理認知，將會有極大的幫助。單純發現孩童在準備過程中產生的偏差，並且把它歸因於被溺愛或是被冷漠對待是不夠的。畢竟有能力說明怎麼做畫的人，不代表本身善於繪畫。箇中展開的藝術，必須靠自己養成，而教育就是一門人人皆可學習並且實踐的藝術。要具備同理心以及不懈的精神，才能幫助孩童為滿足現實生活需求與融入群體生活的理想做好準備。我們能期待誰為群體生活做好首次準備呢？群體共融（Gemeinschaft）是一種只能猜想、難以實現的理想，因為那並非人類能力可以企及。主要的關鍵在於如何施展這門藝術，好讓孩童能自發尋求群體共融的理想。唯有如此，孩童才能避免走上難以管教、精神官能症、自殺、酗酒、性變態以及犯罪等岔路。那麼誰最適合執行這項任務呢？就是母親。我們必須記住母親應該做的事情，當我們看見有孩童走偏了，就必須取代母親的角色並糾正犯錯的部份。母親具有兩個功能：一是贏得孩子對自己的關注，成為孩子眼中的同伴。二是引導孩子對他人產生興趣，並且將父親也視為同伴。而父親也應該盡到自己的責任，讓孩子也關注兄弟姐妹以及其他人。學校的任務則是建立在母親這兩個功能之上，可惜達標程度往往不足。每一項任務就代表一個社會問題（soziales Problem）。當孩童有了弟弟、妹妹，他與弟弟、妹妹之間的關係，就是孩童必須充分做好準備的社會問題。

說話（das Sprechen）也是種社會問題。孩童如何藉著語言和外界產生連結？許多社群情懷尚未發展就緒的孩童有語言障礙。如何讓自己在社群中起作用？就是想到他人、對他人產生關注。無論是同伴情誼、友情、對他人的興趣、宗教或政治觀點、婚姻以及愛等等都是社會問題，解答的關鍵在於當事人是否關懷他人的福祉。那些被認為難以管教的孩童，往往是不顧他人利益的。他們缺乏社群情懷、樂觀的態度以及勇氣。就好比面對一幅鋪好的馬賽克圖像般，我們可以從任一角度比對方法的正確性，我們必須能預測孩童在面對社會問題時會如何應對。

接下來的這個案例是一位五歲的學齡前兒童，我們可以從他目前的生活預知他未來在校的表現。我會告訴您如何快速清楚掌握。

「這個孩子很難相處。」

這個孩子明顯在反抗，並處在一個抗爭的狀況中。他可能生活在一個充滿呵護，也因此被寵溺的環境裡。但是問題來了：他為什麼要反抗？因為他自覺不如過往般受寵嗎？顯然他目前過得不似以往好。這些我們都可以預料到。

「他十分好動。」

這種情形陌生嗎？會有戰士不過度積極嗎？如果他不積極，我們還會認為他智商不足。

「他喜歡四處破壞。」

這是戰士的行事風格。

「這個孩子偶爾會暴怒。」

發生這情形並不意外，這一定是個聰明的孩子會有的反應。我們也可藉此確認孩童是否智商不足，若是的話，就需要採取完全不同的教養方式。低智商的孩童不會有生命風格。而這個孩子的目標是戰鬥獲勝，享受勝利帶來的喜悅、滿足與快感。

「母親說孩子健康活潑。」

「總是命令人做這個、做那個。」

他處在一個會對他輕易讓步的家庭，恣意而行並惹惱他人的行為就是一種反抗。

「他會穿著髒兮兮的鞋爬上整潔的桌子。當母親忙碌時，他會故意玩電燈的開關。」

他十分清楚該在何時出手攻擊。

「當母親開始彈鋼琴或看書時，他就會選在這個時間玩電燈開關。」

「他坐立不安，在桌邊躁動，不斷想引起注意。」

他想要贏得勝利，所以總是處在中心位置。可以想見他會如此渴望成為矚目焦點，是因為他曾經是眾人生活的中心，而且他希望能再度回到熟悉的情況。那是什麼因素阻礙了他呢？是因為家中有了新成員嗎？

「他總是像拳擊手般捶打他的父親，希望父親可以陪他一起玩。」

我們可以看見他不斷用各式方法攻擊、打擾他人。

「他習慣用手直接抓蛋糕往嘴裡塞，並塞得滿滿的。」

基本上他也可以用絕食來表達反抗。

「當母親有訪客時，他會把客人從椅子上推下來，自己坐上去。」

可以從這個行為發現他不喜歡別人，我們看到他缺乏社群情懷，而這也使他對弟弟帶有敵意。

「當父母一起唱歌彈琴時，男童會持續尖叫，表明自己討厭那些歌。」

只要有事不合他的意，大家就必須忙著安撫他。當我們看見偏差行為時，不應該使用懲罰的方式解決，那是沒有幫助的。男孩其實是感到委屈、屈辱以及被忽視，我們必須知道該從何處著手。

「男孩的父親是一名聲樂家，有次在演唱會獻唱，母親陪奏，小男孩在旁大喊著：『爸爸，過來！』」

他努力想達成的就是引起父母對他的專注。

「當小男孩無法如願時，就會發怒。」

那是他攻擊的態勢。

「他會把所有東西都砸壞，還會用螺絲起子鑽出床架上所有的螺絲。」

我們在此再次看見他的社會行為（soziales Verhalten）。他會竭盡所能傷害父母，以展現他的不滿。

「他偶爾會對他人發表嘲弄的言論，尤其是當他意圖達成某項目的，而且順利進行的時候。人們會因為他的譏諷言論認為他是個聰明的孩子。他無法持續專注任何事。母親曾試圖轉移他的注意力。」（當然她的嘗試毫無成效。）

「如果母親賞他一巴掌，他會先笑，然後安靜下來，不過至多兩分鐘。」

「他的母親表示，她自己、孩子的外婆以及父親都過分寵溺這孩子，不過現在已經沒有那麼溺愛他了。」

這就是原因。因為他只依附他的父母親，使得他沒有培養社群情懷的機會。

「父親和母親總是被搞得筋疲力盡，而男孩卻永遠精力充沛。」

男孩當然不覺得累，因為他正在興頭上。而父母不想和男孩耗下去，所以覺得疲乏。在這情況下要求他就範是沒有用的，他反而會因此展開反擊。

「他什麼都記不住，無法專心。」

對男孩而言，他的生活不需要專心也無須做任何預先的規劃，所以他早該學會獨立自主卻辦不到。

「他從未上過幼稚園。」

母親的角色似乎只是想擁有這孩子。

如何理解彼此之間的關係非常重要，唯有知道到那只是冰山一角時，才算理解。在這之中並沒有非常具體的演變過程。所謂的理解，即是認知事物間彼此的連結。

【第二章】

難以管教的前因

前面提到的那位五歲小男孩，因為後來出生的弟弟取代了他原有的中心地位，正迫切想恢復原狀。此時正是把您在學校與難以管教的學生打交道時，不斷面臨的疑問提出來討論的時刻。也許人類還在原始人階段時就有一種天生遺傳的本能？現代心理學派顯示了這類觀點依然存在，但是我們無法將其套用在這個案例之中。採用這種論述雖不盡人意，但確實很吸引人，不過我們也沒辦法處理這個問題。我們要做的是把孩子拉回平衡點上，因此著眼的角度很重要：如果這個男孩在家裡就沒有通過考驗，到了學校又要面臨新的試驗，他會怎麼辦？他來到學校時已經是一個完整的個體，他不會問自己該如何自我定位的問題，而是已經自行設定好了個人的任務。他會努力成為被關注的焦點，希望繼續擁有過去曾有的舒適環境。他可以表現在不同地方，並且依照已經機械化的行為做出反應。我們可以感覺到大眾期待學校開始進行教育工作。您面對的是一個已經養成完畢的孩子，而且還得糾正他過去曾有過的偏差。您必須正確切入，因為社會大眾期待您做得比父母之前所做的還要正確。我不需要詳述那些一旦孩童們在校發生衝突，就會做出之前從家中學到的行為舉止。我們可以大膽假設，當孩童在四、五歲時就習慣了某些行為、人際關係以及觀點態度，實際上他就已經定型，並且不會隨情況不同而有所改變。您會在每個學生中看見某種特定類型，可以預測他在不同狀況下的反應，也可以發現他在自己的社交行為中始終扮演相同的角色。當這個孩童面臨的任務不是他角色的一部分時，便會顯示出他能力所及之處。就像當某個人在劇場中總是扮演丑角，即便他出現在悲劇之中，還是會惹得觀眾大笑。每個孩童都會以自己習慣的角色感（Rollengefühl）繼續往後的人生，並根據這種角色來行動。因此最重要的事情是，我們要藉此了解甚至預測孩子對任務的看法。而您的使命就是找出並修正他們人生計畫中不正確的自我定位（Einordnung）。

母親對男童的懲罰毫無用處，因為男孩的表態獲得了令他滿意的成就感，他覺得自己是正確的。例如，只要男童一關燈，母親就不得不注意他，因此他會有「我是對的，這是我的地盤」的感覺。在學校裡他也想成為關注的焦點，沒人能勸阻他想扮演自我中心的角色。這普遍發生在幼童時期嬌生慣養的孩子身上。然而溺愛是從何時開始，又是到何時結束的呢？起初孩童的生活因為他本身的虛弱，必須依賴他人協助。每個人都是一個社會個體（soziales Wesen），都會因為自己的弱點、脆弱以及不安全感，必須依賴另一個與其相關的人以被照顧。

我們堅信，所有心理發展問題的起點以及驅動都與他人有關，不僅對於孩子是如此，對所有人都一樣。不管是孩子的所有動力（Trieb）與本能（Instinkt），或是他的整體發展，全都在這個框架之中。人們總是不自覺地將社會背景視為前提。定向的動力（Trieben）並非人類與生俱來，但有些人能將這些動力（Triebleben）成功抽離社會環境。因此大多數的心理學家認為人性本惡，必要時可以訓練、改變自身的動力，在不違背社群利益下以某種形式實現個人的動力生活。相反地，孩子與生俱來的任何可能性，會因為他自身的弱點所產生的自卑（Minderwertigkeit），而融入社會的框架之中，這也是最重要的。動物世界也是如此，生來即居弱勢的生物，往往有聯合、團結的傾向。弱者團結在一起，產生賴以生存的新力量，也正是這種弱點使人與社群有著緊密的連結。一個人與生俱來的特質並不重要，重要的是他如何從中蛻變。上述案例中的男童很健康，來自富裕的家庭，生命中沒有遇過挫折。他以為自己擁有一切，所以當他應該履行社交功能時完全不知所措。弟弟出世之前，男童能夠主導一個更大的勢力範圍，所以他完全無法容忍他需求的滿足感下降，因此他必須反抗並在權力的意義上尋求新的滿足。我們要為他找出一個安頓自我的方法，一個自他出生後就應該遵循的方式。只能開闢一條他可以使自己有用，同時也顧及他人利益的道路。這個男童做為一個被溺愛的孩子，從未學過這一點，他總是只關注自己，認為沒有必要關心他人的利益。

所有感覺器官（Sinnesorgane）的行為與成果只有在一致的觀念下（Idee der

Vereinigung）下才會產生意義。當我望著某人時，我將自己與他連結在一起；當我說話時，語言像是一種將我與某人連結起來的紐帶。如果能正確理解這些細節的成效，它們就會變得十分有意義。我們可以從孩子的眼神中看出他保有多少的社群情懷。那些避開眼神接觸的孩童，明顯表現出避免與他人產生連結的動機。孩童的語言能力證明了他的溝通能力。如果自己不想與他人產生連結，或是尚未準備就緒，又如果自己的生活計畫中不存在與他人連結的傾向，那也無法與他人建立連結。這些所有事實都是理解一個人的重要指標。我們不僅要挑出單一現象或表達形式作為證據，還有義務持續為我們的觀點提供新的佐證。如果我們只關注單一的心理變化，就會輕忽它的併發現象。我們必須檢視單一現象是否顯示出微少的社群情懷。如果只談動力，會不知道該從何說起；但是如果知道所有動力都被包圍在環繞我們的社交網絡中，就能懂得它的意義。同胞愛（Mitmenschlichkeit）被視為群體的理想，也是個人表達社群情懷的一種方式，而社群情懷展現了人類作為一個整體去呈現與感受。直至今日這個社群尚未發展成形，人類也不斷朝此發展。光就人類在大自然裡處於弱勢的事實來看，我們除了走入群體以外別無他路。人人都應該將自己視為群體的一員來貢獻己力，而我們的任務就是幫助孩童成為社會進步的工具。這正是個體心理學作為世界觀（Weltanschauung）的思想核心。任何人在評估個人的部分表現時，都已經受到群體想法的影響，這使得檢視部分個體變得沒有意義。我們很難跳脫這點，因為在這個前提下已經有了一個目標，讓我們能從混亂的單一現象中找出一條脈絡。我們無法在沒有目標的狀況下思考、感受以及行動，因此制定目標對每個行動而言都至關重要。如果我要畫一條直線，眼前必須有一個目標，才能拉成一條直線。但我不會將動力畫成一條線，因為在設定目標之前，一定是預見了可走之路，否則我不會貿然行事。制定目標和人類是能自主活動的生物有關。假如我們是花朵、植物，制定目標便毫無意義。心理是一種活動，而這些活動只出現在可以自主移動的生物上。假使植物有靈，可以在某種程度上思考、感知及理解，也無濟於事，因為植物牢固的根使其無法移動，這與其他可自主活動的生物截然不同。這些生物必須憑藉移動能力避險與滿足欲望，必須具有預期能力。心理具有遠見，人類心理生活的整體發展是一體的，思維能力必須包括預測、獲得結論，找出如何發展某些事物以及我們將如何以自己的活動相回應。由於我們的需求建構在社群的框架中，因此我們的活動將會顯示制定的目標是否與群體一致。

在討論難以管教性的時候，往往是認定某人追求的目標不符合社群規範。然而那可能是符合他所追求的，更甚者，是在與社群要求相矛盾之下所找到的棲身之處。他追求的目標是在無用（unnützlich）而不是有用（nützlich）的生活面向上尋求優越感。這就是我們建立個體心理學網絡的最初原因。

我們的首要任務是確認抱怨的成因，是否源於孩童在社群框架外部無用的那一面活動。我們有個非常特別的目標，就是培養理想的同伴。我們不認為同胞愛可以自發養成，所以必須利用創造力來促進這項工作，並利用我們自身的創造力培養孩童達成這個目標。孩童都該為生活有用的一面，如同儕、愛情、婚姻、學校以及政治觀點等各種狀況做好準備，可以藉由孩童面對這些課題時的態度來檢視他的準備程度。而我們的任務就是研究。如果看到一個孩子似乎在弟妹出生前一直朝著有用的那一面發展，但是弟妹出生後，卻拚命地想在無用的那面獲得認可，那麼這就不是我們想藉由教養實現的有用目標。我們想了解，為什麼許多孩子對於自己準備不足表示許多疑問；我們也想了解，他們會如何呈現這些貧乏的準備。什麼事物會引起他們表達自己對生活課題尚未準備好？如果一個孩子在前一所學校沒有學到任何東西，到了另一所學校之後，裡頭的同學卻都已就緒，那麼我們一定會想了解，這個孩子在前所學校是否就缺乏準備？原因為何？這也適用於本來由父母、叔叔或兄姐指導在家自學，後來轉到公立學校的孩童。在這些案例中可見完善準備何其重要。我們要如何面對這類孩童？僅僅只是說「你沒辦法完成他人的要求」是不夠的。教師的任務是找出並且修正這些缺失，還要找到一個能讓這個孩子趕上其他人的方法。每個教師都會本能地這麼做，但我們想要以科學方式加以驗證。臨床心理學家的經驗剛好可以在此派上用場。我們處理的案例中，這些準備不足不僅以難以管教的形式呈現，還會有神經質、瘋狂、犯罪傾向、自殺傾向、酗酒、性騷擾以及嫖妓傾向的表現。我們像是在顯微鏡下對這些案例抽絲剝繭，並且經常會有一種預感：一旦這樣的孩子身處困境時，既無法解決問題，也無法堅持。難以管教的孩童經常失去執行任務的勇氣，可以說是缺乏勇氣贏回他在有用生活那一面曾有的特殊地位。他會試圖找到一種比較容易、讓他自覺夠強壯而且不需要勇氣的方式。如果繼續了解他的故事，就會發現這個孩子害怕夜晚，會向母親尋求呵護；也會發現，這個孩子羞於面對陌生人。您永遠可以在那些不在有用那面活動的人身上看見沮喪（Entmutigung）。他不相信自己有足夠力量應付任務，所以尋找生活中的解放。犯錯是不需要勇氣的，罪犯並不勇敢，他只是憑藉狡猾、努力比別人力氣大一些去贏過他人。如果觀察小偷或是竊犯，就會發現他們只敢闖空門，也就是說他們從一開始就是相對強勢；凶手也只有在認為對方較弱時才會動手。我對這類刑事問題保持比較樂觀的態度。如果有機會讓世人了解，人只有在失去勇氣時才會犯罪，將會改變很多事。違法不算勝利，您必須了解犯罪中那些怯懦的表達。

我曾經聽說有個竊賊闖進一間屋子時，正好有兩位教師在睡覺。其中一位教師責問他為何做這件事？為何不勤奮工作擺脫貧窮？竊賊握著左輪手槍回答說：「你知道我們勞工的工作環境有多艱困嗎？」這個答覆表達了他的沮喪。違反社群情懷也不是一種膽識。

我們快找出缺乏完善準備的關鍵原因了。這發生在孩童的早期幼年階段，特徵是孩童在人生的第一階段負擔過多的壓力，過度負荷的孩童是無法均衡發展的。哪些情況會造成孩童承受太大壓力呢？有些孩童因為先天器官自卑，身體較為孱弱，或者因為體弱多病而缺乏生活熱情。有些孩童吸收能力較差，因為對母乳過敏、嘔吐或是腸絞痛而日夜煩躁，需要受到照顧來滿足他們的營養需求，以避免身體上的不適。這種狀況通常會持續很長一段時間，所以這些孩童當然不會認為生存的世界是天堂。他們的生命在疼痛與困難中開始，因此嚴重影響他們對其他人的注意力，他們受到折磨、壓抑而且承擔重負，所以無暇關注他人。這類孩童一生中最感興趣的事物會轉向食物，最關心而且持續關注的事就是如何滿足營養的需求。他們後來甚至連做夢的內容也與食物有關，無論在任何狀況下都在關注吃什麼。我們也可以將孩童的興趣引導至有用的一面，例如培養品嘗美味的能力，他們往往可以成為好的廚師，料理出美味。因為他們會不斷尋找與食物相關的事物，所以這種興趣會一直持續到他們生命盡頭。

身軀的孱弱往往會密切影響心理生活的發展。此處談的不是身障，而是孩童因為生理自卑（Organewertigkeit）感到緊張。如果將健康的孩童置於惡劣的環境條件下，他也會像器官孱弱的孩童有一樣的困難與緊張。感官對於這些孩童而言尤其重要。我們可以發現，弱視的孩童不僅無法忍受自己在弱視狀態下可看見的事物，甚至還會特意展現自己的難處。直到他們能征服這個弱點之前，他們的內心會萌發想要超越、想要獲得更多的意願，而且對於這個器官的關注正在增加。也會發現他們（全盲者除外）對可見物的興趣遠遠高於常人，他們會更加關注也更細心，對顏色、陰影、氛圍以及視角的觀察更為敏銳。這類孩童常常會成為畫家。我不覺得視力正常的孩子有機會成為好畫家，反倒經常發現畫家幾乎都有一些眼疾，譬如有遠視、近視、散光、色盲或是色弱，甚至獨眼等等，這些缺陷常在畫家身上看見。我們只能將此解讀為創造力會強迫孩子超越困境。

還有另外一種常見的缺失，就是從一開始就增加孩子對這方面的關注，不過也有許多人因此失去勇氣，感到自卑、不追求進步。這個情形經常發生在慣用左手的孩童身上。個體心理學發現，常人社會中大約有百分之三十五到五十的人都慣用左手，卻只有不到百分之十的人知道自己的情形，大家都經歷過這件事。我們的文教工作幾乎都是為慣用右手的人設計的，於是當慣用左手的孩童來到學校時，他就像是個沒有充分準備好而顯得笨拙的孩子，還會因此被責備或懲處。這類的孩童一開始就比其他孩童更難以實現自己的第一個成就，他們必須訓練較弱的右手，以免不如人的感覺日益擴大。這過程不僅耗時，方法也必須正確。過去幾個世紀以來，閱讀與寫作的訓練都十分貧乏。艾因哈德（Einhart）曾描述查理曼大帝（Karl der Große）竭盡全力學習寫作和閱讀的藝術，但是這位偉大的統治者「由於缺乏天賦」，所以沒有成功。顯然當時教導讀寫的方法肯定非常糟糕。教學方法一直到了裴斯泰洛齊（Pestalozzi）時才有所改善，讓笨蛋也學得會。所以方法始終是關鍵。有些訓練是常人不知該從何進行的，而且如果沒有人提醒，甚至還不知道有沒有用（例如拳擊訓練）。因此，在這種狀況下訓練右手變成一項特殊任務。有些孩子出於本能，或是在他人鼓勵下找到更好的方法克服困難，他們會嘗到勝利的幸福滋味，然後會想寫得更美、更漂亮。慣用左手的人有極高的比例寫了一手好字。在檢視生理自卑時，不難發現慣用左手的人的秘密。只要請他們十指交叉，就會發現他們左手的拇指比右手的拇指高。而且許多慣用左手的人擁有一雙巧手，因為他們受過訓練而且克服了困難。凡能克服之人就贏了！然而大部分慣用左手的人沒能超越困境，做事不順手也常被認為手拙，他們會因此十分氣餒，最後往往一事無成，也無法處理生活中的任務與困難。所以我們發現許多難以管教的孩童、罪犯以及自殺者中有許多是慣用左手的人，同時也發現為數不少功成名就者也是。這兩種情形都會發生，孩子們要不從此一蹶不振，要不就是找到好的發展方法，努力克服困難。如果不知道孩子是慣用左手，可能還會以為他天生笨拙或懶惰。解釋懶惰最好的理由就是孩童不再期望成功了。當人們心存成功的信念，就絕不會怠惰。懶惰是自卑感的一種表達方式，而且只要人生遇到疑問時，就會表現出來。我們可以將這些觀察結果延伸到其他感官上。無論是缺乏勇氣、對他人缺乏興趣、只關注自己，或是克服困境而有了更佳的表現等等，這些情況都在同一線軸條上（Linie），因為人們對於感受到的壓力總是會有相對應的補償。我們想了解的是難以管教的孩童偏離生活有用那一面的運動（Bewegung），而那些運動都可以在他們身上看見。

【第三章】

孩童的生命風格

到目前為止我們所看到的都與兩個基本問題有關：孩童因為缺乏適當準備而產生的偏差行為存在多久了？發生偏差行為前有什麼特殊徵兆？

先前已經提及如何發現幼兒時期引發孩童自卑感的情況與自卑感的成因。這種自卑感是問不出來的，這個事實只有在孩童面臨難題時才會暴露出來，我們才會看到。只要孩童沒被要求，只要他擁有想要的一切，那麼他的自我評價就永遠不會曝光。在出現這樣的狀況前，這類孩童通常自認沒有能力解決任務。我們會逐一看見背後的原因。孩童走路的姿勢與行為舉止，深究起來都是心理運動（seelische Bewegung），那也是我們希望理解的。當他們以自信、能解決課題的信念完成自己的任務時，樂觀的影響會變得非常明顯，並且在生活中各種狀況裡一次又一次地顯現出來。行動力、創造力與自信會一一展現在他們的言談舉止和表達行徑（Ausdrucksbewegung）之中。當孩童猶豫不決、躊躇不前、不安，甚至陷入困境或不知所措時，他對自己不會有完全的信心。我們可以採取橫向調查，觀察這種自我衡量如何在其他狀況下表達及行動；這個孩子是否同時對許多事情具有安全或不安全感，是否舉止充滿自信，或者感覺自卑。接著再導入縱向調查：將孩童現在顯示出來的現象與過去的特點進行比較。然後我們會獲得一條軸線顯示孩童生命風格的基因構造。只要能正確理解，就有進行研究、比較與確認的機會，而且可以肯定軸線上所有的點——也就是現在與過去的行為舉止，都會因為人類心理生活結構的一體性而呈現一致。我們可以詢問孩童過往的回憶，一旦了解這些記憶，而且有解讀舊時記憶的經驗，就可以輕易找到一個基準點，不僅能讓我們了解孩童的系統，同時也讓我們有判斷孩童自我衡量的基準。而這種自我衡量已經機械化了。我想談談機械化。孩童初次面臨的狀況都會對他產生影響，同時敦促他在這些情況中採取立場，使他有機會想持續關注、追求卓越的目標。這種持續追求卓越的人格感受（Persönlichkeitsgefühl）會不斷以各種方式呈現。孩童從出生開始就被訓練，會逐漸在內心養成角色認知（Rollenbewußtsein）或角色不認知（Rollenunbewußtsein）。一段時間後形成機械化，然後孩童根據已經機械化的行為與表達方法找到自己的方式。就像孩童背熟一首詩之後，一切都已機械化，不需要思考便可以不假思索地隨口說出；或像鋼琴演奏家努力練習的曲子，無須看譜也能彈得行雲流水。

當您搜索當前心理學的文獻時，常會讀到如哈特曼（Eduard Hartmann）[2]提出的無意識學說。許多精神分析學家與其他心理學派認為，無意識是動力（Trieben，性欲〔sexuelle Triebe〕）的表達，而且從文化角度而言認定那是種邪惡的方式。這種無意識被視為邪惡，人們為了擁有更美好的生活，藉由良知（Kontrolapparat）為其覆上文化外層

（Kulturschicht），這也解釋了人們追求群居（Zusammenschluß）這個道德。我們對此則持反對看法，我們認為人類在發展中因為自身身軀的不完美，受惠於群體的緩解影響而作為最重要的補償，因此所有的動力也在贏得利益（被補償後）之後朝著對全體有用的方向（Allgemein-Nützliche）發展。

只要沒有出現自我認知，孩童的生命風格與自我評價就保持一致。教育要能喚醒自我認知。只確認自我認知的事實還不夠，還必須以對我們與孩童都清楚的連結方式來實現這種自我認知。記憶在某種程度上證明孩童所知與所感覺的，他在之後也有能力理解。我從沒見過不了解自己生命風格呈現的孩童。

我想舉個例子讓您了解，即便是幼童也很清楚自己的生命風格，進而能影響改變。一個兩歲的小女孩在桌上四處蹦跳，把她媽媽嚇壞了。媽媽對她大聲喊道：「下來，妳會摔倒！」小女孩不理，繼續在上面跳著。她三歲的哥哥也看到了，並且喊道：「妳給我留在上面！」結果小女孩隨即下來了。這個小男孩明確了解他妹妹的生命風格。毫無疑問，如果孩童做的事與別人建議的相反，就可以教他們感覺自己的重要。

我們想了解挫敗，想觀察孩童如何遠離自己的任務，以及是否只有意志才是我們無力改變的，而不是行為。認為「意志就是行動開始的證據」的這種看法，也可以在心理學教科書裡看見，但這其實是人類的迷信。這裡顯示一個普遍的錯覺，以為意志與行動是相對立的。可以肯定地說，當我們在觀察意志時，在這個階段一定什麼都不會發生。您知道這些一再以善意作為他們獲得自由的代價的孩童。他們不會有任何改變，因為他們的生命風格已經機械化了，他們的意志也被調適得能配合整體。我想與大家分享一個案例，我個人將其視為一件教案，因為一切都如此相符。同時我也想說明，想要找出這種機械化的痕跡，必須擁有一定數量的發現，這些事證會導致機械化，而這些都可以藉由孩童的幼年生活中獲得。

有時報告的可信度不高，但如果請兒童或成人回顧他們的童年時光並且分享記得的部分，就可以掌握他生命風格的碎片（Fragment）。因為當他回顧時，會選擇一些對他而言至關重要的事物，只是目前對他而言是難以理解的。我們依賴的基礎正是機械化生命風格所一一列出的條目。這裡談的是一台積極且富有創造力的機器，它眼前只有一條運行路徑，就是在那路徑上不斷移動。

一位十三歲的男孩，有各式各樣的缺點，導致他小學五年級時被迫退學。他不僅在校成績差，還有盜竊紀錄，經常突然失蹤好幾天，直到混不下去或是被警察發現帶回家。他完全就是個無人管教的男孩寫照，周遭的人都認為他已經無可救藥了。男孩被帶到一間感化院，裡面有一位教師曾與我共事，他以機械化的觀點來看，認為懲罰男孩、讓這男孩看起來無可救藥沒有任何幫助。他在做處置前，想先了解男孩的生命風格與自我的評價。這位教師採用了合理的方式進行。他說，無論從哪裡著手都可以全面掌握，因為任何表達運動都會與整體相符。於是他開始瀏覽男孩在學的紀錄。事實證明，男孩前三年的在校表現良好，直到四年級時成績才變差，五年級也未改善。

這位教師心中起了疑問：男孩何時開始明顯走偏，使得他的考試成績變糟？他認為一定和男孩四年級時的新導師有關。在前三年，他的導師都是同一位，四年級時才換了一位新導師。感化院教師知道，會發生這類挫敗一定是因為第一位導師很友善，而第二位導師不友好而且嚴厲。男孩的回答證實了他的猜測，他說道：「四年級的導師不喜歡我。」也就是說男孩認為問題出在導師身上。這一點足以讓人理解事實並不重要，重點是感受。只要相信老虎在門口，那麼老虎是否真的在門口其實都沒差別。事實並不重要，重要的是我們如何看待它們。於是感化院教師推斷，只有鼓勵男孩並容忍他想被寵愛的心，才能促使男孩往前邁進。因為他明顯是個被寵溺的孩子，成長在一個家庭環境不甚優渥但是會寵愛小孩的家庭，母親沒讓他有獨立的機會，所以使他在接受任何任務前會有個先決條件：「首先我必須被善待！」我們可以在此看見他的自我評價。如果有人提出自己只能有條件地配合的話，意味著他沒有足夠的勇氣，而被溺愛的孩子在順境時不太會展現出自己的膽怯。

感化院教師繼續問道：「你怎麼處理偷來的東西？」他得到的答案是：「因為我是個壞學生，所以我想如果送禮物給其他同學，他們就會對我更友善。」這是少年偷竊的普遍動機。如果男孩為了獲得友善的回饋而做下種種行為，我們就會得到一個相同的運動模式（Bewegungsform）與對生活相同的因應態度，也就是男孩希望獲得善待，而且除了偷竊別無他法。我們在此了解了一個可悲的事實：除了偷竊別無他法，這個男孩似乎是對的。這是一個無解的困境：想要結交朋友，卻一無所獲。

針對另一個問題：「你為什麼逃家、逃學？」他的回答也如預期：「只要學校有考試，我就知道不會過。我的成績很糟。」許多學生不願上學，因為他們總是受到懲罰。在學校考差了，學校就會通知父母，父親去了學校後，他回家就會繼續受罰。這個男孩也說了類似的話：「父親知道我逃學的事之後就揍我；而疼愛我的母親則很傷心，她留著眼淚，溫柔對我。」簡而言之，他想獲得溫暖、想被喜歡，所以避開一切他認為似乎無法實現自己目標的情況。在此可以了解孩童輟學、逃家等偏差行為的訊息。人如果喜歡待在某個地方，就不會跑走。您會問：這個孩子到底在追求何種認同？男孩其實很清楚。他知道自己回到家後，母親會充滿關心，以親吻及擁抱接納他，此刻他就達到被寵愛、被喜歡的目標。每一個運動都循著相同的目標——被疼愛。當他回到家時，也會在晚上蒐集火柴放到母親門前。在此也能看到和他偷東西討好其他人時的同一條軸線（dieselbe Linie），儘管看似完全相異的狀況，卻是同一種機械化生命風格刻出的模子，而且全部朝著同一個目標：獲得比現在更多的認可。

除了左右橫向檢視，還要考慮上下縱向的關係，了解男孩為何會走上偷竊之路，以及他如何始終與母親保持親近。有兩段幼時回憶能幫助了解這部份。他說曾經看見一頭鹿淹死在多瑙河，之後被一個陌生人撈起來載回家。另一段回憶是，他曾目睹一節火車車廂燒起來，人們努力搶出裝滿車廂的球之後，就把球帶回家了。在此可以看見兩個基準點，在兩點之間顯然還發生了許多事，形成男孩生命風格的整條線，並導致他竊占他人財產的可能。

男孩對於自幼和母親比較親近這點提到：「四歲那年，有一天父親叫我去買報紙，可是……」（對於個體心理學家而言，這個「可是」就表達了一切，因為他提了父親後，又因為「可是」而說不下去，我們看到了一個排斥的行動〔ausschaltende Bewegung〕）「我去找叔叔，然後他陪我去媽媽那。」簡而言之，他又投靠到母親這邊。

他一直努力讓自己回到舒適圈。我們也發現，這種生命風格會自然而然導致比較低的自我評價。這是一個沒有自信的孩子，他總是不斷找人依賴，無法自立。母親確實發揮了自己的首要功能，讓男孩有了同伴的概念。然而那還不夠。她應該讓男孩與其他人（尤其是與父親）也產生連結。我們看到，母親並沒有成功地讓孩子與父親之間建立起友好的關係，因為她想獨自保有男孩，因為她希望永遠能幫男孩打點生活的一切，她一直是他最重要的支柱。然而他現在遇到了自己無法解決的難題。所以，我們必須履行母親的第二功能——拓展男孩的社群情懷。他會偷竊、逃家、逃學，做出所有侵犯他人利益的事情。您看見他行為裡的怯懦了嗎？一旦受到懲罰或是預見會有壞成績，他就放棄努力；然而他會持續渴望滿足個人利益的需求。他對生活的社群模式（gemeinschaftliche Form）尚未準備就緒。如果我們想執行母親的第二項功能，前提是也必須執行首要的功能。所有的治療，包含教育性（erzieherisch）與治癒教育性（heilpädagogisch）的處理方式，都是建立在履行母親的兩個功能，除此之外別無他法。

我們必須揭露男孩的錯誤並向他表明，如果他想追求生命中的成就，必須付出才能得到，而不是一開始就能得到他人的重視、疼愛以及尊重。當您舉例說明其中的前後關係，他就能理解。他陷入了自己機械化的生命風格陷阱中，而他的沮喪與這種錯誤的機械化有關。

無論在何種狀況下，您都可以看見孩童行動透露出的自我評價，如果將這些自我評價與其他表達方式相結合時，就能獲得一個十分清晰的畫面。如果沒有找出足夠的立基點，就容易落入尷尬的狀態，擁有的經驗越多、深入探索越多，這項任務就益發容易。

附錄中有一份調查量表，可以藉此確定孩童的生命風格及自我評價程度。

【第四章】命運打擊

現在到了您一起參與的時刻了，也就是說您可以提出案例，然後我們一起討論。我們將一起練習解讀的藝術，一起了解問題學生的案例，也希望能共同努力找出如何改變機械化的生命風格。我相信我可以用這種描述方式為您示範基本要點。

其中兩個關鍵的問題分別是：孩童何時開始出現不滿？孩童在何種狀況下會出現異常行為？這往往是出現在孩童需要以符合普世價值的方式解決社會任務的時候，孩童需要使用訓練過的能力來解決，而這個能力能讓孩童以正確的態度與正確的行為面對他人、任務及生活的難題。孩童要上學就必須承受學校的測試，首先學校本身就是一種實驗，我們從中了解他對於學校的規範需求做了何種程度上的準備。當然這也取決於學校本身的方向。有些學校裡的孩童尚未準備就緒的程度可能會超出我們預期，這尤其發生在不重視兒童個別特殊性，只強調權威的學校當中。許多孩童在家中沒有受過服從的訓練，因為我們的社會要求家庭培養孩子獨立自主而非盲目順從。這樣的學校對孩童而言會是十分嚴峻的考驗，他反應出的缺失會比下述其他情況更多。從孩童入學開始，學校的內部和外在都會產生新的情況，舉凡更換導師、轉學、學童在班上地位的轉變以及受其他孩子的影響。而學校以外的影響因素能夠顯著改變孩子在校的態度，因此在家中鼓勵孩子是非常重要的。讓我舉個例子來說明它有多重要。

我記得有一位十歲的女孩和她母親一起哭著來找我。這位母親說自己幾個月前才把孩子從寄養家庭接回來一起住，因為孩子出生不久後她就離婚了，所以女孩與寄養父母一起長大。孩子在那健全成長，在學校也有優異的成績，現在應該要讀四年級。

後來我與母親單獨談話。她提及丈夫是個酒鬼，自己沒辦法忍受和他一起生活，也擔心孩子會學習丈夫的缺點，所以她決定要用模範方式教育孩子，不過我不太確定她所謂的模範教育是什麼。孩子應該升四年級，但是因為她似乎表現不夠成熟，所以必須留級。結果女孩還是一樣跟不上進度，表現得很差，所以導師認為她也不適合留在三年級，如果情況再不改善，就準備把女孩降到二年級。

女孩看起來很正常。而且我覺得在這個國家如果孩子可以順利讀到四年級，不可能智商有問題。根據母親的說法，女孩的心智並沒有停滯發育，因此我推論肯定事出他因。我對孩子的境遇做了深一層的探索，知道她在寄養家庭長大，並且回到母親身邊一段時間。另外還有一個問題，女孩在看書或是寫功課時，往往心不在焉而且心情低落。母親表示：「我不懂，我對她非常嚴格，以免她會和我丈夫一樣誤入歧途，但她卻沒有改進。」

在深入了解孩子的處境時，我突然想到孩子和寄養家庭相處得很好。我只需要問她，寄養父母對她的態度如何？以及是否還與他們保持例如通信之類的聯繫？如果她和寄養家庭生活了九年，那麼關係可能十分緊密。事後也證實女孩與寄養家庭相處十分融洽。我試想假使自己想離開善待自己的寄養父母，搬去嚴厲對自己的母親家時，該怎麼辦？這個孩子在家裡遇到一個好女人，而她想用一種模範教育教養小孩。我感覺到孩子懷念在寄養父母那度過的美好時光，現在卻變得無望。我有辦法可以從寄養父母家搬到母親家，卻沒辦法搬離母親。或許女孩有時會想，「只要我一事無成，母親就會把我趕走，就可以回到寄養父母那裡。」女孩覺得掉入陷阱，前後動彈不得。

答案果然不出所料。我可以理解女孩在這種教育方式下對於自己的生命感到無望。接著她描述自己與寄養父母生活的感覺，以及曾經非常喜歡上學，而且諸事進展順利。我不得不再次和她母親談話，我告訴她有個解決方法，但怕她無法配合。母親拜託我給她一些建議，我說：「如果是我的話，我會以和緩的方式對孩子說話，告訴她我對她犯了一個錯誤，而現在希望並且期待彼此能像兩個好朋友一起生活，如此一切就會變得更美好。」母親回答說：「我會那樣做的。」我建議她努力練習這種新方式，好給女兒一種印象，相信自己的情況並非絕望，只是母親一時的失誤造成的。同時我建議她們十四天後再來找我。

十四天後母女興高采烈地來了。母親特地幫導師轉達問候，因為她非常高興這個十四天前狀況還很糟糕的孩子，現在完全可以跟得上。

這個困境並非源自學校的影響。一些其他案例也是如此，我們可以從惡劣的生活環境以及破落的外表看出是貧困造成家庭困境，使得孩子被逼著去工作而無法上學，是這種原因讓孩子失去勇氣。這些孩子的整個生活淒涼又毫無生趣。因此當我們觀察到這些孩子所遇見的困難時，有義務去思考之前發生了什麼事。

有些情況到了高年級時不一定是學校或家庭因素造成的，這段時間主要與孩子的心理生活有關。例如患有癲癇症的兒童往往最後都會出現問題、中產階級家庭中的十五至十六歲左右的孩子（也常發生在十六到十七歲）有青春型的思覺失調症（jugendliches Irresein）。這些孩子常常受到師長和家人的錯誤責難與不平對待，因為他們絕對不是故意失敗，而是有其他原因。

事實上惡意從非肇因，往往是灰心後的結果。我們沒有理由對這種惡意感到憤怒，因為至少它是一種在生活中壞的、無用的那一面，以某種方式超越他人，不得已而為之的最後手段。您絕不該與孩童相對抗，而是要觀察、思考並找出他們建構生命風格時的偏差。

之前提到的女孩在過去受到寵愛，突然要面臨過去全然未曾準備好的情境，所以或許準備更周全的孩童就能夠撐過女孩失敗之處。人們後來發現，經常造成孩童失敗的原因是某種疾病。例如孩童因為流感引發嚴重腦損，進而失去曾有的能力，這種情況主要發生在腦部受損的兒童。如果孩子聽力受損，可能一開始還是會以之前相同的方式使用已經變差的聽力器官，所以我們要顧及重聽狀況，直至孩子適應聽障的情況。

在上學校期間患有嚴重貧血的孩子，可能會因為貧血引發全身無力而無法做到以前辦得到的事。我們還可以理解許多患有慢性肺結核病而且發燒的孩童，他們會莫名地停止發育。

我們還想了解為什麼有些孩童在生過重病之後會有所退縮。因為孩童長時間臥病在床，因而失去許多練習技能的機會，與其他同齡者有明顯的差異，所以必須安排額外輔導。

我還想指出另一個很重要卻常被忽視的重點。孩童在生病期間特別會被寵溺，造成他們病癒後一時無法接受關注減少，進而引發重大行為轉變，因為孩童內心充滿尋求溫暖的渴望。許多孩童痊癒後才開始的不良習慣，以及一些醫生誤以為是內分泌失調所造成的損害，其實都是孩童患了如猩紅熱和百日咳這類疾病期間，被過分寵溺而造成的後遺症。常常可以聽到問題兒童說自己是在得猩紅熱時養成了某些不良習慣。我們當然理解父母在孩子得了重病時，會以一種讓孩子充分感到自己無比重要的態度對待，然而這將使孩童渴望再次生病或是把小病想得十分嚴重，並對父母誇大自己的不適。孩童們會想盡辦法繼續生病，對有些人而言生病甚至就是種幸福。有疑病症（Hypochonder）的人總是會高調處理自己的疼痛與不適，因為他們成功找到一種比較輕鬆的狀態：人們會減低對他們的要求、接受並且關注他們。他們是被關注的焦點。

在某些情況下，孩童在患病後會有正向的變化，而且表現更佳。以下就是個例子：

這個男孩是一位教師的小孩，家中排名老二。老二總是脫離一般的兒童發育模式，想要超越老大而且努力想盡快達成一切目標。如果這樣的孩子上面有個很強的兄姐，那麼他就會陷入困境。這個男孩完全失控，父親因為沒辦法幫助他，決定將他送到教養院。他得了髖關節結核病，被限制躺在在床上一年，痊癒之後回到學校上課。男孩從那時起像是換了個人般，變得又乖巧又勤奮。該如何解釋這個轉變呢？這個家裡排名老二的男孩，在生病期間感覺自己的地位崇高，受到眾人時時刻刻的呵護，讓他感覺自己沒有被遺忘，他可以確定父母對他的關愛。男孩受教於事實，所以可以從根本上改變自己的錯誤。這個案例給了我們一個方向，有時可以用實際行動而非說教方式成功地讓孩子了解自己沒有被忽略。

如果知道孩童是因為學校內部的影響造成改變，那麼接下來要知道的問題就是：孩童在四、五歲期間，也就是生命風格機械化的階段時發生了什麼事，以至於他們後來在面臨生活某個考驗時會感到完全挫敗或顯得無所適從。無論這發生在任何狀況下，都是因為缺乏社群意識（Mangel an Gemeinsinn）。這些孩童在四、五歲時，因為經歷了對他們具有破壞性、留下永久影響的情況而負荷過度。於是他們用一種充滿錯誤的統覺（Apperzeptionsweise）看待世界，並為自己設定了一個與親身經歷相左的目標。當人們要考驗他們時，他們往往偏向生活無用的一面（unnützliche Seite des Lebens）。在這些孩童中有三種表現出缺乏勇氣的類型：一是有器官自卑的孩童，二是被寵溺的孩童，三是被討厭的孩童。

這些孩童曾有的經歷對他們施加巨大的壓力，他們不得不揹著沉重負擔去開展生命風格，他們無法解決自身的問題或是只能解決部份，總是半途而廢而且想逃避一切。還有一些孩童則是想快速解決，卻一下子就後繼無力而無法到達目標。他們之中的許多人都想找到逃避生活問題的方法。這些孩童表現出好似他們覺得過於沉重，他們悲觀且懦弱。他們一輩子都是如此，會一次又一次地重複，除非他們處在比較輕鬆狀態之中。一且他們在某方面有所成功，就會繼續朝那方向進行，而且看起來好像勇氣十足似的，然而在別的方面還是會看到他們的沮喪。有些孩童傾向避免執行所有任務，並希望能根據自己的想法和標準去滿足對認可的追求。另外還有一些孩童不想配合，或者只有當他們是領頭羊時，他們對任務排斥（Ausschaltung）的傾向會大到想消滅整個學校，也就是逃學。排斥會逐漸以各種形式產生，特別是可以在那些根本不想上學的孩童身上清楚看到這一點。如果孩童竭盡全力放棄所有希望，他的下一步就是不去上學，然而他沒有選擇這條路的可能，所以他除了撒謊，沒有別的選擇，因此他會朝這方向訓練，例如偽造簽名等等。當然每個孩童偶爾都能用這方法成功達成目的。當孩童逃學時肯定是躲到別人找不到的地方，這種情形往往出現在大城市裡。混得比較好的知道如何搞這類惡作劇，而剛出道的小毛頭們則渴望能被傳授，像是如何偷竊、如何攻擊其他孩童、如何滿足性怪癖，還有如何闖空門等各種被認為對生活無益的相關教戰守則。那些厲害些的孩童大多沒被逮著，所以總有沒被逮到的小偷，也總有詐欺成功的騙子。當這些孩童取得成功，可以互相誇耀的時候，那就有極重大的意義。一群被忽視的孩童聚集成一個比他們單一個體都強壯的集團，就會成為社會的災難。當有人被逮到時，這群人會說那是因為他不夠「機靈」！只要再熟練一些，就不會被抓住。他們自認可以為所欲為卻不被抓到，因此奸巧、狡猾與陰險成了他們追求優越的目標。

於是又回到究竟該如何預防這種情況的點了。如果能獲得教師的支持，讓孩子在學校少些挫敗多些鼓勵；如果孩子多些能在學校做有價值事情的自信，那麼這種少年犯罪和幫派集結的傾向就會立即減少。每個處理少年刑事犯的專家都說這種孩子覺得自己沒用處，而且很驚訝這些男孩怕鬼、怕孤單，甚至也怕黑暗等等。我們對此沒那麼驚訝，因為我們知道這些男孩一向習慣別人替他們減輕負擔。他們還會自白說：「我會變成這樣，都是因為我的母親很寵我，因為我從小被排擠。」我們不想討論很多少年犯長相醜陋或是有殘疾。教師的任務是提昇這類孩子的勇氣，使他們有能力完成生活中有益的任務。

個體心理學秉持樂觀的看法，認為「孩子的天賦與能力是與生俱來」的想法是錯誤的。如果有人說這是普世價值所以不會錯，並大力吹捧的話，我會拿一百五十年前還有女人被當作女巫燒死一事做為反證。在那之前許許多多的婦女被當作女巫，受到不可思議的酷刑處死。當時所有學者、所有法官、所有牧師和所有婦女也都信以為真。今日我們還能用普世價值做為不可侵犯的重要保護罩來說服誰？假使我們認為並非人人都能處理個人的任務，這不僅是種錯誤，甚至還會阻礙朝其發展的可能。當然這並未將智能不足者與精神衰弱者列入考慮範圍。

心理層面必須從一開始就將社群要件列入考量。體格顯現個人對他人的依賴程度。感官使用社群所用的語言，與他人連結、與他人的關係與對他人的看法也是人們生活以及行動的最高指導原則。整個世界其實都嵌在我們體內，也就是說我們與現實生活連結如此緊密，使得現實生活就在我們體內。我們是整體（Ganze）的一部分，我們與社群間有不可分割的紐帶，以致我們的理想是基於這個社群意義發展。如果人類沒有社群，根據人體構造的弱點，我們早該滅絕了。萬物都具有普遍有效性（Allgemeingültigkeit）：道德決定了共存的規律；我們認為的美是普遍大眾所認為的美；我們宣稱有價的一切，也是普世認同的價值。科學努力將人們從宗教進入放諸四海皆準的生活規律，每個政治的世界觀都希望能為社群做出貢獻。個體心理學的任務是通過了解較深層次的連結，找出社群的本質。

第五章

真實與虛假的童年記憶

我想分享一個案例，一位年約十二歲的小男孩是家中的獨生子。獨生子的成長環境與其他有兄弟姐妹的孩子是不同的，獨生子總是處於關注的焦點，很難有獨立機會，因為大人總會幫他把他手上的事務處理好。他永遠是最年幼的一個，總覺得自己很虛弱。他一方面有想茁壯發展的動力，但另一方面又樂於接受輕鬆不費勁的生活。這些孩子把工作視為不愉快的任務並不足為奇，因為他們享受眾人矚目與寵愛的理想，使他們無法從事任何工作也無法獲得成就，因為這種理想已經強力附著在他們身上。再加上這類孩子的成長環境也存在一些謬誤，他們的父母總因為只有一個小孩而活在恐懼當中，卻又因為疾病、經濟狀況或是婚姻問題等，盡量不再生育。種種條件和狀態或多或少都替家庭的美好氣氛蒙上一層陰影。我們的任務不僅是要像從旋律中挑出錯誤的音符一樣找出孩子的錯誤，還必須了解更進一步的背景。

這個男孩的母親守寡，過去家境良好，如今卻生活貧困。她還保有過去富裕時收藏的畫以及一些首飾，但是手頭拮据窘困。

這個孩子除了是一個備受寵愛的獨生子外，也曾享受過應有盡有的美好童年。只是之後的情況全然不同。

他的父親三年前去世，留下母親獨自一人。可能是父親的管教方式對這個孩子的成長有一定程度的影響，所以男孩之前在父親嚴厲的管教之下並沒有出現偏差行為。他現在並不是變了，而是那些沉睡在他身上的東西直到父親離世後才爆發。

他在學校的表現非常糟糕。

這個已經習慣身為關注的焦點，其他人會幫他排除阻礙的男孩，一旦嘗到自己不習慣的苦頭時，就立即失敗。一個不獨立、被寵壞的獨生子，他的理想就是尋求他人協助自己。

他轉到另一所學校後也遇到阻礙。

每個新的情況都是一次智力測驗、一場性格測試，可以就結果得知他是否已經成為一個真正的同伴，是否準備妥當。對於被寵溺的孩子而言，這項任務是很陌生的，因為在這之前他們無須關心他人，只需顧好自己，他們始終是接受者而非給予者！我們即將看到這裡發生的偏差了。

這個男孩輟學，開始大量偷竊，即便人贓俱獲還是堅決不承認。無論面臨要脅或是母親的利誘，他都矢口否認。有位叔叔想到一個好點子，同時這男孩的行為也正好顯示出他的生命風格已經定型。叔叔答應帶他去健行三天（這是他早就想做的）後，男孩就承認自己偷了一件珍貴的珠寶並且託人轉手賣了。

我們現在完全清楚這個案例了。那該做些什麼呢？首先必須針對此處所出現的錯誤達成共識。他的父母成功地使男孩對他生長的小圈圈感到興趣，然而男孩卻無法進一步擴展他的關注範圍。他喜歡有家教、凡事應有盡有、身體智力發展健全，也一直都是只受不施的態度。他把偷東西換來的錢花在買零食、看電影和游泳這類小事上。

當他被問到偷竊的理由時，他的回覆似乎再自然不過了。他說：「如果你們給我這麼少的零用錢（受惠者的態度），那麼我當然必須採取一些行動。」

他的表達可以看見他的生命風格。所有的一切必定符合一個曾被寵愛卻突然感到被剝奪的孩子的生命風格。家道中落、學校也出問題，男孩無路可走。如果我們忽略道德、同伴與社群情懷等條件，這個男孩處理得很明智，我們不會認為他的行為有何錯誤，只有當我們想衡量他的社群情懷軸線時，才會察覺差異。社群情懷是我們的衡量標準，因此能發現他的行為不好、沒有章法與不理性。另一方面，當他感到被剝奪而非充實感時，能得出什麼其他結論？這個男孩在何處感到被剝奪？為什麼？答案可能有千百種，但我們必須想得更廣更遠，才能回答這個問題。我想用幾句話再闡明整個個體心理學的系統。我們已經知道其中兩個重要關鍵，並假定這個孩子似乎無法解決錯誤之前或發生錯誤的情況。假如他希望在學校能有優異表現的話，他就會正向邁進。所有情況都需要完善發達的社群情懷，如果回顧男孩的幼童期，就能夠感受並理解為何他無法發展出對他人的關注。我們仍然需要找出生命風格建構時出現的不足之處，並且研究其涵義。

我們已經討論過三種類型的孩童：有器官自卑的孩童、只會受不會施的被寵溺的孩童、不懂得對他人有群體情感與關注的惹人討厭的孩童。

當我們仔細研究生命問題（Lebensfrage）時，總能馬上確認為何這些孩子在生命的某個階段會挫敗。我們被迫從可用的稀缺碎片中找出蛛絲馬跡，卻足以從中見微知著，為何這些孩子不適合我們的世界？為何他們失去社群情懷？關鍵正好在兒童成長的早期階段。先有第一胎，接著有第二胎。第一胎總會緬懷已逝去的天堂，相反地，第二胎則無畏地向前看，想要超越老大。老大可能太強，使得老二只能徒勞掙扎並誤入歧途。在這裡我要特別強調獨生女或獨生子有其獨特的發展。

其他可指引我們的碎片是最為久遠的童年記憶。這也是個體心理學的重大發現，那些記憶都是唾手可得的，因為我們相信每個個體的整體性，並將每個部分視為整體的一部分。這些童年記憶同時也是寶貴的片段，我們可以從中掌握完整或是部分生命風格的結構，即便那些對他人而言毫無意義。當我們所知的情況發生在一個人身上時，會感覺到它們與這些久遠的童年記憶的本質有所關連，因此時常可以預知會找到哪個種類的童年記憶。我們的首要任務就是將它們連接在一起，並且在這些久遠的童年回憶中找到器官自卑或是疾病的線索。有些記憶可以告訴我們這是個被寵愛的孩子，還可以找出證據顯示孩子自覺令人討厭。有些種類的童年記憶是可以衡量的。以往當孩童們說：「我看過一棵光彩照人的聖誕樹」，並不會特別引起人們的注意。但我們知道，有這類記憶的人對可見物特別感興趣，而且這種興趣會十分顯目，這種強烈想看見的渴望也會在靈魂留下恆久的印記。或當有人提及自己童年生病時受了很多苦，說明了這個孩童在患病過程中留下的深刻印象，而這類孩童大多數對疾病與死亡特別感興趣。前面所提的第一類孩童可能會變成重視視覺的類型，並且有可能表現出對顏色（例如繪畫）的偏好。第二類孩童對自然學科感興趣，也許想在日後成為一名醫生，以便能進一步接觸死亡與疾病的問題。我們常在偉人傳記裡一遍又一遍地讀到，他們想起自己日後處理事務的方式早在幼年時就經歷過。當我們聽到如「我和媽媽一起去某個地方」這類的童年回憶時，不難看出這是一個被寵愛的孩子，無法將自己抽離與母親一起的記憶。有時可以預見這類記憶，因為母親這個角色會以不同形式一次又一次地出現。這些線索並不總是浮在檯面上，也沒有規則律及公式可推演，必須自己想像連結。如果孩童告訴我們：「我記得和母親住在鄉下，而父親住在城市裡。」這意味著什麼？那代表母親可以獻身於孩子，而父親被排除在寵愛圈之外。當面對被寵壞的孩子時，建議他的父親使用嚴厲的教育手段並停止寵他是一大錯誤，因為他在這種情況下甚至會進一步排拒父親。而師長們也不應該在這種情況下採取嚴厲的管教，因為孩子會很快直接或是間接拒絕。

有時還會發現雙重碎片（Doppelfragmente），尤其是在被寵溺的孩童身上，這些碎片顯示情況的轉變以及孩童如何被甩出寵溺的情況。例如一些十分鮮明的記憶：「我還記得弟弟如何來到世上。」我們了解這種記憶並且從中獲得線索，對這個孩子而言那是個悲慘的經歷。這不僅對於長子是如此，對於其他孩子也一樣。孩童們會陷入難以忍受的境地，進而發展出如強烈嫉妒之類的性格特徵，任何孩童處在這類狀況下，都會如此變化，而且這些特徵會持續到年老。那些曾有旦夕禍福經歷的孩子，事後常認為：「無論怎麼做都沒用。」

在自覺被厭惡的孩子身上，聽到的童年回憶是例如：「我記得自己被怎麼打的。」他們會挑出這種記憶當然並非巧合，如果一個人的成長基礎是「我受到嚴厲的對待和折磨」，那它對那個人的生命就有重大意義，而且那不一定只因為是毆打。

我記得曾有一個人來找我治療，他缺乏自信，所以總和一般市井小民來往。他對童年的記憶是：「我記得自己坐在房間裡的窗邊望著外面。父母帶著哥哥出們，留我一人在家。」他十分內向，總覺得別人對他有敵意，雖然他智力健全而且在校的學業表現良好。但他總是鬱鬱寡歡，因為他身材矮小體弱，而哥哥不僅身材高大，還長得俊俏，可是他不是。他總是感覺到母親對哥哥的偏愛，也因此感到沮喪。多年後他與母親曾談及此事，母親回答說自己不再喜歡老大了，因為他對自己更友善，不像老大總是批評、好鬥和冷嘲熱諷。他有個童年回憶是：「記得有一次我氣得衝向媽媽扯她的頭髮。」四年後他的妹妹出生了，而且和母親也很親近，他自認夾在兩個較討喜的孩子間。他的保母也比較嚴厲，所以他很快地就放棄爭寵，也自然而然地轉向父親。這是孩子成長的第二階段，也明確表明母親無法持續獨享孩子。後來母子間發生一些事，使得母子之間有了距離。當父親如母親一樣和藹可親時，男孩的下一步就會是靠近父親。我們知道這個男孩對女性有了偏見。如果就此再深入一點就會了解，這個偏見影響深遠，當孩子長大成熟時，他的異性傾向可能就已經成型。這個男孩並不認真對待自己的男性角色，因為這與他的預期有異。後來男孩戀愛了，愛上了一個別人也在追求的女孩。女孩對於最後的選擇一時猶豫不決。他說當女孩決定嫁給其他人時，他大大地鬆了一口氣。在這個情況下，他對自己的男性角色也不甚在意。後來他和一個遊手好閒的人走得很近，並且與他有了同性戀的關係。

上述種種都至關重要。詢問久遠的童年記憶和夢想都十分合適，因為它們通常清晰地讓人無一絲疑慮。當孩童提到自己在夢中被動物追咬時，也展示了他的個人態度，他將世界視為怪物，而自己是被獵殺的野獸。當聽到孩童在夢中赤裸，這也有意義，它代表：你不喜歡別人看穿自己，你想在別人面前保持神祕。

無論在任何情況下都可以找到線索，展示出孩童的成長方式以及累積了多少的社群情懷。如果發現孩童自幼就承受沮喪的重擔，就可以理解承受這些重擔有多困難。因此不會驚訝這些孩童為何不再一起玩耍，也不一起努力。肢體語言也會表達他們勇氣、樂觀以及主動的程度。

但是並非所有童年的記憶都符合事實，有些可能是幻想。我有一個與自己真實生活切身相關，但是充滿幻想的童年記憶。直到三十五歲時，我都還保留這個最早的記憶，而且對此感到非常自豪。我上小學一年級的時候只有五歲。學校位於彭青（Penzing）市的迪斯特巷（Diesterweggasse）。我記得當時自己和同學上下學時總得經過一座墓園，每次走這段路時我都覺得很不舒服、有壓迫感，但我的同學卻總是開開心心的。我很早就有與死亡接觸的經驗。三歲那年，弟弟就死在我的身邊；四歲那年，我得了肺炎，醫生原本放棄治療。因此我很早就開始對死亡的問題感興趣。有一次同學的父親問我：「你長大要做什麼？」當時還是五歲小毛頭的我回答說：「醫生。」「那麼我們應該把你吊死在路燈上。」他責難道。我並未因此感到遲疑，覺得那只是一種針對壞醫生的看法，我還是保持原來的志向。就是在這段時間，我發現經過墓園時很沉重。我決定讓自己擺脫這個恐懼，所以當下次又和同學經過墓園時，我決定留在墓園，把書包掛在欄杆上，獨自一人來回走動，先是快速移動然後緩慢散步，直到自己感覺擺脫了恐懼的感覺為止。

我一直保有這個記憶直到三十五歲。在這段期間，我遇到一位當年一起上小一的同學。我們互相聊了童年的舊記憶，突然這段記憶再度浮現我的腦海。我問他：「墓園後來狀況如何？」同學想了好一會說：「那裡從沒有墓園啊！」然而墓園在我的記憶中是如此根深蒂固。然後我又問了他其他幾個地方，他都一一否決。原來整個故事全是我幻想出來的。這證明了孩童勇於找到適當的方法去克服困難。我的想像力並非無用，它是我心理訓練的一部分，讓我在現實生活中能更堅毅面對死亡的問題，而且不那麼懼怕。

這似乎是一個適合提供蛛絲馬跡的新問題。我們可以從幻想和白日夢中找出一些大家感到有壓力的部分，也可以從中發現與孩童尋求自由、擺脫壓力目標時相通的傾向。我們可以理解許多孩童喜歡談論幻想，例如幻想自己會變得非常富有，所以可以擁有一切。也可以從這點看出一個人有多少社群情懷。有些人只想買自己想要的一切；有些人幻想一夜致富，但他們可能想買座城堡給家人。在此可以發現他們也關注他人。有三分之一的孩童希望捐錢給窮人，四分之一的孩童希望世人免於苦難。這些幻想多半發生心理深受缺錢壓力的孩童身上。

還有一些孩童幻想自己成為英雄，或者幻想自己用一支小軍隊擊退大軍，而且俘虜一大群人。不過這是懦夫的白日夢，他在幻想中尋求克服自己的怯懦，產生這類幻想的衝動可能是因為身體的虛弱。

有些幻想超越了現實，例如想要升天、上天堂、活在童話般的園地等等，就是想超越人類可能的範圍，實現更美好的目標、達到更佳的境界；或是孩童幻想自己並非父母所生，而是意外來到他們身邊，釐清事實後被送回自己原本富裕的家庭。這類幻想有各種變相，有時是幻想和特定人士有血緣關係。我有時會在幫城堡主人（伯爵、王子等）工作者的孩子們身上聽到這類幻想，例如園丁或馬伕的孩子堅持認為自己是伯爵或王子的後裔，而且這個事實有天會真相大白。有個男孩曾因為這樣的幻想引起軒然大波，他幻想自己不是父親的兒子，使得父母感到十分難堪。

在維也納常有人幻想自己救了皇帝（例如受驚嚇的馬直接撞向皇帝的馬車等情況），然後獲得皇帝的賞識。我不知道這種幻想是否會以某種形式，從皇帝轉移至聯邦總理上。

還有一類幻想：一個美麗的女孩掉進水裡，然後被一位富豪救起。在此看見的是追求認可的渴望。我們必須正視這些幻想，因為它們是生命風格組成的一部分。

我們可以從幻想、白日夢以及童年的回憶確定孩童表現生活勇氣（Lebensmut）的程度。我建議您可以請孩子以「我的恐懼」做為作文題目，通常可以藉由這類文章確認一個孩子的生命風格。

第六章
童年回憶以及夢想

〔童年回憶〕

〔六歲半的小男孩〕

「我四歲時曾溺水。」

這個回憶的視角集中在生命面臨的危險。重點是孩子會從此獲得什麼結論、他回首時看見什麼，以及當他人問及內容時，他的關注與選擇為何。這個回憶說明了小男孩的關注在於人類生命的脆弱性。沒有人知道這個意外會如何形塑孩子的世界觀。他牢記著這不愉快的回憶，也讓他獲得成長，知道該如何提防所有危險。這場意外已經成為了他生命的嚮導。

大多數孩童在挫折感與危機感中成長，並強烈關注生活中種種危險事物。當然，在某種程度上將恐懼作為一種保護裝置是必須的，然而在大多數情況下，這種恐懼卻被誇大了。

人們可以誇大所有事，例如愛乾淨絕對是美德，然而當一個人日以繼夜只顧著清潔，則會破壞生活的和諧。所以我們也必須了解如何將謹慎二字和諧地融入自己的生活與經歷範圍，否則眼裡只會看見可能危險的事物。躊躇不前、擔憂顧慮與過分懷疑影響生活的時候，並不會讓生活有更好的結果。當孩童選擇回憶這類記憶時，表示重視危險一事就如同他人生的嚮導。假若再進一步詢問，這個孩童肯定會記起其他曾經歷過的無數個危險情況。不能忽視這些弦外之音，我們可以從回憶記憶的結論獲得提示。如果他的描述是止於類似：「我已經完全克服了」，那他就屬於另一類孩童——知道危險存在但不畏懼，而且知道有能力可以解決。

我們要練習整合各種關係，來確認六歲兒童的生活是一個封閉整體（eine geschlossene Einheit）。

有一個孩子記得兩歲時發生的事情：

「父親拔走我的奶嘴，我開始尖叫。」

這是一個殘酷的戒癮方法，當一個人必須突然放棄原有的特權是很殘忍的事。現在這個男孩覺得隨時會有人搶走他擁有的東西，不過他也會注意不讓人搶走他的東西。然而他心中也因此只會想到自己。

另一個小男孩記得：

「妹妹哭了，我就會跑去要求父母幫她換尿布。」

小男孩知道妹妹尿床了，就去報告父母。他把自己視為勇敢的保護者，當作父母親的代表。後來也在他身上發現父親的傾向，他同樣會照顧其他人。在此發現了他與其他兩個孩子的區別。前面兩位只想到自己，表現出極少的社群情懷。而在第三位身上看到了社群情懷的跡象，他不僅只顧慮自己而已。我們也能在他身上發現追求優越感的渴望，但是我們對其認同，因為小男孩將此展現在有用的一面。

另一個孩子有以下的記憶：

「我兩歲時第一次坐車。」

除了他當時可能感覺很舒服以及他對移動一事感興趣之外，我們無法進一步的詮釋。或許他在家中排行老二，所以剛好感覺像參加賽跑這種特別注意需要加速的運動。他也可能是雄心勃勃的長子，這樣也可以顯示因為參加比賽所以會有的缺點，例如急躁、追求完美、不斷渴望成為第一等等。我們還必須藉由進一步的探索才能確認或糾正這種觀點。

另一個孩子的記憶：

「我還記得祖母的葬禮、使用的棺材和馬車。」

或許他內心已立下從醫的決心：與死亡奮戰，克服死亡。我們常聽到醫生談到這類童年記憶。

有個孩子被問到未來志向，他回答說：「葬墓人。」當人們問他理由時，他回答說：「因為我想成為埋葬他人的人，而不是被埋葬的人。」

如果比較這兩個記憶，會再次看到雙方在社群情懷上的的差異。後者只考慮自己，也有一個如何克服死亡的優越目標，但他追求的是個人的優越感，而且男孩所接收與理解的優越感的意義是無益的。

「我記得去拜訪過一位送我草莓的阿姨。」

這顯然是個總是心懷期待的男孩。他心中沒有準備給予，只在意是否獲得些什麼。

還有一個男孩的記憶：

「我記得兩歲時第一次去普拉特（Prater）公園。」

在此除了看到男孩對快速運動的偏好外，沒有其他。如果他提到自己是與母親一同前往的話，那麼這段記憶就有不同的涵義。

[67]

三年級小學生（約八、九歲）的回憶：

「當我四歲時，我不太會畫畫。」

這並不特別，但我們對其他事情感到好奇，我們想知道為何這個女孩只提畫畫一事。可能是這個孩子的特殊興趣，而且可能對繪畫有過掙扎。這使我們認為她可能是個慣用左手的人。要確定孩童是否慣用左手，只要請他們雙手交叉，若左拇指置於上方，即是慣用左手。孩童自己不知道，父母通常也不會察覺，但是孩童在訓練使用右手時會遇到慣用左手而面臨的困難。在這個回憶中也能察覺左、右手的搏鬥，女孩一開始不習慣使用右手。我們可以得出結論，她的興趣開花結果，女孩寫了一手好字。她初始遭遇許多難題並不令人驚訝，然而她最終克服了這些困難。

女孩繼續回憶道：「我常常想畫人像。我的母親就會說：『妳把鼻子畫得像條黃瓜。』我沒理她，只是不斷地畫。」

在此再度確認她是歷經搏鬥後獲勝。這也一直是她的人生指南：唯有與困境搏鬥，才能成功。

「當我有一天感到滿意時，把成果展現給母親看。她說：『妳現在畫得鼻子不像黃瓜了。』從此我就能畫出好看的人像。我永遠記得那一刻。」

另一個女孩的記憶：

「當我兩歲的時候，我們去了紐樺艾格（Neuwaldegg）[3]。」

在這裡，除了有這個女孩對鄉村生活及快速度運動帶來的喜樂，其他都不明顯。

「突然，我聽到音樂聲。」

她對音樂以及聲音特別感興趣，或許可以知道她是如何開啟對此方面的喜好。

「我開始跳舞。」

這裡談的是節奏，以及她將身體融入節奏的體驗。

「有些人停下了。」

她想給人留下深刻印象，尤其希望得到他人的讚賞與欽佩。可以推測從她身上的其他舉止也可找出一樣的特徵。

3 譯註：維也納近郊。

「有位女士帶著孩子走過來。當我看到那小孩，我跑向前去。」

小女孩似乎喜愛於與其他人建立連結，這表示她具有社群情懷。

「我開心地咬了小孩的手。」

聽到這，我們有點猶豫她是否真的具有社群情懷。我想請您注意，我們判斷一個事證時可能會與別人大相逕庭。這個孩子有一種傾向，就是即便做壞事，也要營造最佳的情境。這與她喜歡受人讚嘆有關。即便她做了什麼不好的事，也要展現出一副很棒的樣子。

「然後孩子哭了。」

又是與聲音有關。

「我跑向母親。」

她顯然是個被溺愛的孩子，有想要壓過他人、成為關注焦點的傾向。她在家中可能排行老大或是個獨生女，總是想展現最佳的一面。

一個小四生的回憶：

「我還記得兩歲半那年和父母一起坐火車遠行。」

她可能是對環境的改變，也有可能是行車速度感興趣。不要在此多著墨，先繼續聽。

「當我兩個月後回到家時，發現床上有個小妹妹。」

這真是場悲劇。當她離家時還是當時家中唯一的孩子，被父母送去外地，回家後卻有個驚喜。這樣的孩子總會覺得生活缺乏安全感，總會有人占我便宜。無論是在學校身為一個女孩，或是日後成為人妻，她總會環顧四周，注意是否會被別人超越。她永遠會被同樣命運困擾，而我們也始終能感受她一定的妒意。

「我不快樂……」

這是另一個確認！幾乎沒有一門科學能夠比個體心理學更早準確預測。我們通常能事先預知即將發生之事，往往能獲得印證，也就是說事情發生在意料之中。

「……因為我相信母親更喜歡妹妹。」

我們已經預見女孩會有的妒意，會一直注意是否有人比她更好。

「我對妹妹很兇而且會打她。然後她會哭，媽媽就拿東西來給她喝。」

可以肯定假設，她目前是一個不被重視的女孩，也不優秀，而且始終認為別人會超越她。這種感覺會抑制她自己的發展，如果找出之前提過的動機，就會發現教師握有巨大的力量，能幫助孩子擺脫這個迷失。

「然後她睡了，我沒有顧她。」

我相信進一步的評論都是多餘的。

一個九歲女孩的回憶：

「我三歲的時候很怕媽媽，因為她喜歡戴黑帽子，看起來像聖誕妖怪坎卜斯（Krampus）。我寧願和姐姐一起，我比較喜歡她。」

可以看到女孩三歲那年就與母親保持距離，顯然其中發生過一些事情，可以推測母親得不到女孩的青睞。她的話語中帶有類似控訴的語氣，也帶著責難。媽媽為什麼不戴漂亮一點的帽子？可以由此認定，女孩對母親這點尤其不滿。之後她進入第二階段，如果父親在這個階段可以給孩子從母親那無法得到的溫暖時，她會轉而投向父親。為什麼女孩會面臨這種轉折？這極可能與後來出生的弟弟或妹妹有關，那對女孩而言算是悲劇的起點。她覺得母親背叛、離開而且開始數落她。不過可能母親本身就喜愛嘮叨，所以這個態度隨著女孩成長烙下更深的印象。當孩子還在襁褓中時，嘮叨的言論無傷大雅，然而一旦孩子開始懂事，母親的這種行為就會讓孩子產生距離。這也可能與母親曾經生病而無法自己照顧孩子有關，一切的照料與呵護都落到了阿姨、祖母、女傭及姐姐等身上。還有一個可能是母親患了恐怖的疾病（如瘋狂或癲癇），讓孩子感到懼怕。我們還要檢視女孩在其他方面是否也有不當行為舉止。

女孩的另一段回憶：

「弟弟出生時大聲哭叫，我說：把他塞回去，他叫成這樣，我不需要這個弟弟！」

這聽起來像一本可以預測結局的小說。她的反應完全如所預料的。

女孩的第三段回憶：

「有一次姐姐對我說，妳看那裡有一台載麥草的車，如果妳不乖，司機就會把妳埋到麥草下載走。我那時聽了很害怕。」

我們可以比較一下這些記憶，看過程是否與我們迄今為止的發現相矛盾。

姐姐也對女孩製造恐懼，可以看到這女孩對姐姐有所責難。如果我們只知道其中一段回憶，就無法清楚看出女孩覺得別人待她不友善。這段回憶聽起來完全是種指責，是對姐姐的指控。這個女孩一個不容易滿足、喜歡抱怨而且嚴格檢視別人錯誤的孩子。

女孩的第四段回憶：

「有一次姐姐把自己假扮成一位優雅的淑女，我還真以為家裡來了一位端莊的小姐，不過當她摘下帽子後，我馬上就認出她來了。」

可以再次看到批評的態度：不要輕信他人，雖然穿得像淑女，結果根本不是。在這裡除了看到女孩批評的態度，還有對他人價值的質疑。而這一切從她與母親之間的關係就開始了。從女孩的行為中可以清楚看到母親對形成第一印象有多大的影響，同時也可以推測女孩屬於視覺類型。

之前已經談過孩童的想像力，例如恐懼感所代表的意義。恐懼是引起注意與利用他人的好手段。恐懼讓孩童可以要求別人為其服務，恐懼是孩童為達到目的所使用的鞭子，而且人們對於這點毫無疑問也十分明瞭。

我曾經認識一位成天充滿恐懼的女士，她總是害怕，所以不願單獨去任何地方，有次終於有人成功說服她獨自去劇院看戲。當她獨自一人回到家準備開門時，突然意識到有位陌生男子站在門旁。於是她大喊道：「走開，你看到我多害怕了。」恐懼是缺乏勇氣者，也就是弱者的廉價力量。

孩童對職業的幻想也十分珍貴，它可以顯示出孩童的興趣與如何對他人表達[4]的方式。有時我們會驚覺十四或十五歲的青少年對於未來還沒有任何想法，這實在是件令人擔憂的事。如果一個孩子直到十四歲都不知道自己想要什麼，也還未對未來做出決定，那麼他可能不太相信自己這生會有什麼成就，所以才對未來視而不見，因為未來就像一個無法解決的謎團。多年前我就提出應該要求在學學生寫類似「我的未來」這樣作業的建議。孩童在寫作業時必須決定、思考或至少要寫出「我不知道」之類的答案。他們會注意到為何自己不知道該如何回答這個問題，而教師可以考慮如何在這部份提供協助。我個人還不知道有哪一份作業是這樣回答這個問題的，所以我認為替三或四年級的學生出這樣的作業是一件好事。大家也可以根據心理需求把題目修改成「我曾經想從事的職業」。如果觀察孩童寫的期望順序，會發現它強力表達他們曾想如何達到卓越、施展自己的力量。只有早就失去勇氣的孩童才會有例外的表現。這些孩子會寫出類似：「小時候我曾夢想成為一名將軍，後來想當警察，最後我想和爸爸一樣當一名馬車伕。」

而青春期的少女則會這樣寫：「我曾想成為一名舞蹈家，後來改變心意想當演員、歌手或是教師，之後我又想拍電影，不過最終我還是全心投入家庭生活。」當您出這個題目時，會驚訝地看到這種發展軸線出現的頻率有多高。

〔孩子的夢〕

完整的心理檢查必須包括夢境的解析。夢這個問題存在已久，而且對人的生活至關重要。從古至今有許多和夢的解析相關的書籍。當人們將夢解釋為對未來的一種展望，就算是「夢的解析」的結束。許多人舉著科學的旗幟，仍保有這種夢的解釋。過去的幾十年有兩位學者為解析夢境做了許多研究：一位是鮮為人知的舒伯特（Schubert），他當時已經認知到夢反映了個性。這可以從更早期的作者，例如歌德時代的利希滕貝格（Lichtenberg）讀到類似的解釋，他認為人們更能從夢境中而非從行為裡認識一個人的性格。佛洛伊德也對夢的解析做出極大的貢獻。但是他對夢的看法並不完善，因為他把一切都歸因於滿足嬰兒期的性欲，而我一直反對這個觀點。後來佛洛伊德放棄了這種片面的觀點，並將「死亡願望」（Todeswunsch）納入他的夢的解析中。

我想理解夢境的關鍵在於，人為什麼做夢卻又不懂自己做的夢？為什麼人對夢境無能為力？大家醒來的感覺往往是：今天做了很蠢的夢，但完全不解夢的意義。大家完全不把夢當一回事，因為根本不知該如何處理它。個體心理學解決了這個疑難，往理解夢境邁出了審慎的一步。夢本身不是為了被理解，而是為了喚醒做夢者無法逃脫的心情與情感。如果關注這些既存的心情、感情以及情緒，就能明白為什麼會做夢。那是為了將自我置於某種情感裡，使我們在夢境中處於某種情緒來執行一些無法以邏輯實現的事務。無法否認的是，如果不了解夢，它所產生的情緒就會留在我們內心深處，並且觸動我們。例如有人做了一個可怕的夢，隔天他也會有所忌憚。做夢者因為喚醒了這種而非另一種情緒，進而得到下一步何去何從的暗示。一個面臨考試卻沒有多大把握的人會夢到自己跌入山谷，如果這個夢強化了他的焦慮情緒，也無須驚訝這個人會失去勇氣，進而隔天不去應考；另一個較有自信的應考者則會因為夢到自己走在陽光普照的草原上，眼前突然出現城堡而使他充滿喜悅與熱情，同時強化了他向前走的情緒，這個人會以清新愉悅的心情從夢境甦醒，並以此心情勇敢地去參加考試。

【第七章】

記憶、幻想與夢境的意義

我想和您討論幾個孩童的回憶。

這是一個讀小學三年級的九歲女孩的回憶：

「小時候有鄰居接我下車，她幫我穿上她女兒的衣服。接著我向走廊跑去並且往樓下走，可是就不能再回樓上了。後來我的母親來接我。」

仔細檢視這段回憶的深層涵義時，會發現這個孩子凡事都需要人幫她打點：「鄰居接我下車，幫我穿衣服，然後媽媽來接我。」在這裡看到了一種生命風格或是其中的碎片，它的架構就是孩子自覺孱弱，總想有個依靠。那表達了嚴重的自卑感，也可以保守判斷她是一個被寵溺的孩子。

「我不敢獨自下樓。」

從這句話可以確認她是一個完全缺乏自信的孩子，而且從女孩的生命風格感受到她的不安全感以及對自己的不信任。

幸運的是還有女孩其他的童年記憶，所以可以進一步確認我們的觀點。

「我們去歐塔克林街（Ottakringer Strasse）散步。我想幫忙推載了表妹的娃娃車。結果她摔下來，娃娃車裡的墊子也跟著掉下。我被罵死了。」

小女孩想獨立做事，果然失敗了！對我們觀點還抱有疑慮的人，此時也會認同我們的猜測。

「當母親第一次去卡爾斯巴德（Karlsbad）時，我嚎啕大哭。但是當父親說她很快就會回家時，我安心了不少。」

當這個孩子的依賴對象不在時，她能做什麼？唯有再度獲得這個依靠時，她才會放寬心。

「當她進門時，我對她大喊著：『媽媽！』她高興地發現我會說話了。」

各種小跡象都能顯示孩子與母親之間的關係。

「當我第一次看到香蕉時，我原本準備連皮一起吃。」

孩子獨自一人時，可以把事情搞得很糟糕！

「父親幫我剝了香蕉皮。我把香蕉吐出，拿起來抹了臉後才又吃掉。」

無法確認這個記憶除了表明獨自一人總會做出蠢事及無法自處之外，有何特殊涵義。

「我們在蘇爾茲（Sulz）避暑。我在馬廄裡有一隻小山羊，有一次牠跑走，結果我哭了起來。」

此刻該有個人出現，不是嗎？

「隔壁的小女孩過來把牠抓住。」

她獨自一人時就感到無助，總需要有人從旁相助。這個孩子會依照生命風格表現得總是需要依靠。她在家裡總期待母親照料自己，在學校也表現無助，好讓教師必須顧及她。我們很方便地就能從這些童年記憶獲得最廣泛的推論。因為人的外表可能會改變，表達方式可能有差異，但是骨架則會保持不變。自卑感在舒適的環境下會沉潛，但是一旦狀況改變，它就會再度浮現。

在夢境中總能一次次找到這些骨架。只要借助個體心理學的脈絡，就可以輕鬆獲得所需的經驗與技巧。當教育工作者可以從這些小細節中獲得結論，就已經在起點超越他人許多。因為呈現在他眼前的生活意象（Lebensbild）宛如一本寫得鉅細靡遺的傳記，他可以因此知道該對這個孩子有何期望，以及如何糾正錯誤。孩童不會知道自己身上發生了什麼事。如果孩童知道我們所理解的，能明瞭骨架中有哪些錯誤是源自何種謬誤，而且這個謬誤對自己有損時，那麼會有下述情況發生：孩童會暫時先維持一樣的行為一段時間，會無助地環顧四周尋求支援，只是他明白那是錯誤的行徑，他知道自己的行為是錯誤訓練的結果。孩童在第二階段犯了錯，他不僅會看到自己的錯誤，甚至會嘗試通過這些錯誤來證明自己是軟弱的，而且需要他人協助。到了第三階段時，孩童會開始減少犯錯與謬誤。他有了這項認知後，會透過持續的訓練往更好的方向前進，將努力變得更加獨立並體驗到那是一條更好的路。從此他在家中、學校與未來的生活都會往正向邁進。深入了解這種生命風格的機械化過程非常重要，為此我們需要分析眼前獲得的各種碎片。每個表情的改變與小動作都可以透露出一個人的生命風格。它們都是在沒有監督機制的控制下持續滾動進行的，再者我們也很難要求孩子進行自我監督。您肯定也知道，孩童對這個過程的認知會中斷機械化的進行。每個人都有自己的獨特性格，而且不會消逝，其實這就是他內置的機械化。一旦他開始注意到這點，就會中斷這個自動化過程，一旦他開始思考，就會停止自動化。例如達爾文曾說過，當鼻黏膜受到刺激時，原本的機械化過程就是人會開始打噴嚏。但是當他想到打噴嚏這個過程時，就會停止打噴嚏。醫護人員提醒患者思考打噴嚏的過程，如此患者就不會打噴嚏[5]。

一個人在週日出外踏青或只是機械性地去外出散步時，不會去思考每個動作。一旦他注意到自己走在滑冰上，開始變得焦慮並對每個步伐小心翼翼時，就不再是「無意識地」走路了。機械化的生命風格也是如此。只要他的機械化動作足夠應付需求，只要沒有面臨任何重大困難，他就無須思考，因為一切都會如他所訓練般那樣發生。唯有遇到難題時，他才會反思。可惜這種反思的方向往往與社群常識相背。孩童的目標永遠與其機械化運動的方向一致，他的自覺思維也朝著同一方向發展。如果其他心理學家所稱的「無意識」等同於機械化的生命風格，就會發現有意識與無意識的目標一樣，彼此無異。我們強烈反對那種認為不好的本能對無意識有重大影響的看法。

其他可以提供資訊的碎片是孩童對於職業選擇的白日夢與幻想。我想提一個白日夢，它包含和大多數白日夢與幻想一樣的點內容，就是當事人在現實缺乏的東西。

「拜金兒童」

「曾經有一個生了幾個孩子的母親，她並沒有多少錢。有次卻說：孩子們，你們每天想要多少錢就有多少錢。」

根據經驗，這種白日夢似乎表明錢在孩童心中有極重的地位，這種狀態只會發生在財務困窘的家庭。只要家中沒有財務困難，錢就不會成為幻想中的主題。

「然後奧利（Olly）說：我想要一棟房子，你可以送我一棟嗎？媽媽說沒問題，然後建商來了，我也得到世界上最漂亮的房子。」

這個孩子心中一定有蓋一個家的想法。也許是因為她曾有美好的過去，卻因為形勢改變了，所以強調這一點。

「當房子完工之後，我買了世界上最漂亮的傢俱。然後在報上刊登了徵保母的啟事，許多女孩都前來應徵，最後我們找到一位叫樂天（Lotte）的女孩。我們的房間裡擺滿了玩具。當房子完工後，我去百貨公司買了一件真絲洋裝，一件莫扎特式的洋裝。」

這個孩子一定有過好日子，周遭肯定充斥各式有錢人以及高檔傢俱。

「我還買了一件漂亮的外套和一頂草帽。回到家後我要了一千四百億。」

這個金額非常清楚表達孩子高估金錢。她有強烈的自卑感，並相信沒有錢就無法生活，她需要錢活下去。

「然後我去買了午餐。第二天我找了附近所有孩子一起來吃零食。」

在這裡強烈感受到一個一無所有的孩子有著強烈的欲望。這是一個由下往上的運動。她要了一千四百億元，然後去買午飯。她對金錢完全沒概念。

「其他小朋友到時可以先享用豐盛的午餐，然後我們可以一起玩，之後他們才回家。」她想與其他孩子交往。不能說她只有自私的情感，她並不想獨享那麼多錢。當然這種給予的傾向也能讓人有崇高的感覺。她想在有用的一面尋求認可，而且願意分享自己的財富。

在夢境中也可以觀察到這類碎片。個體心理學並不滿足於片面的觀察，而是希望能利用新事證確認在別的面向所觀察到的是否為真。

我在之前的演講時曾談到夢的重要性，以及夢在古代所有民族的生活中起的重要作用。可以在聖經與羅馬人、埃及人的歷史中看見夢被賦予極大的意義，甚至是種神諭。

人們總是很本能地認為，唯有舉棋不定的人才會做夢。綜觀我們的夢可以看見，當一個人有堅定信念並且有所適從時，就不會做夢。也就是說，當一個人遭遇困境，並自認無法在清醒狀態時解決，就會做夢，因為他需要其他東西來解決這個問題。個體心理學認為，做夢者會在夢中創造一種可以指向自己想通往方向的情感、情緒與心理方向。至於夢是否真能創造一種情緒，讓做夢者以為可以解決清醒時無法輕易解決的日常生活問題，則視夢決定。如果一個人正面臨某個問題，他會在夢中創造一種依照應該前進的方向就可以解決難題的情緒，而那是他無法用邏輯手段克服的難題，同時也是依他的生命風格無法克服的難題。夢境與清醒時刻之間其實沒有根本的區別，當我們想說服自己做某些事情時，也要處理情緒與情感。就拿契訶夫（Tschechow）的短篇小說《警笛》（*Die Sirene*）為例，他在故事中展現人們如何經由激起某種氛圍、描述各式美食，強烈喚醒一個人的飢餓感，使得一位原本盡忠職守的官員草草中斷工作，以滿足自己對食物的需求。人們通過灌輸一種使官員忘記職責的心情，成功地讓官員放下手邊的工作，離開崗位。人的心理不僅傾向被邏輯引導，也會被情感與情緒引導，而且會創造出和自身邏輯思考相矛盾的情緒。我相信所有人都有輕易放棄使用邏輯，傾向感情用事來解決生活問題的意圖（Absicht）。許多行為（Handlung）在邏輯上是無法被理解的。我們也可以在清醒時營造情緒，像是想一件悲慘事件、想切身相關人士遭受的不幸，我們的心情就會呼應這些想法。當我們以為自己身處在一個愉悅的環境時，心情也會相對好轉。例如庫埃（Coué）[6]希望用自我暗示（Autosuggestion）的方法說服當事人相信自己會越來越好，以協助他們對生活充滿熱情、提高生活智慧。我們可以理解孩童沉迷在與邏輯不一致的情緒與感覺中。但是這些情緒也有侷限性，我們並不推薦透過選擇特定幻想和回憶的情境去製造感情和情緒、以具體的方式呈現情感衝動，而這種衝動以實現個人優越感為目標，例如追隨英雄或神祇的理想。我們可以得出不同的結論，例如一個完全缺乏自信的孩子，他的生命風格就是使他表現出相對應的情緒與情感，以便迴避解決任務。

而另一個想要完成任務的孩子，會試圖以有用的方式克服困難，創造相應的情緒與感受，而且他所選擇的幻想不會過分誇大。

在夢境中人人都有個不受現實管控的自由空間，可以產生與目標相應的幻想與情緒，以協助自己走上即便沒有製造這些感受也能走的路。這種情緒能合理化自我的行動。當一個人可以說明自己的感受，同時表示自己是憑感受行動時，這有著多重意義。感覺只是生命風格的一部分，因為當事人努力創造、喚起這種適合且屬於他自己的感覺。當一個人因為某事憂心忡忡地上床睡覺時，問題也會在睡眠中持續困擾他，而且無

6 譯註：ÉmileCoué de la Châtaigneraie，一八五七至一九二六年，法國心理學家和藥劑師。

關邏輯與常識地在睡眠中產生影響。做夢者會選擇特定意象與為了產生這些感覺的比較，再試圖藉由它們證明自己選擇了生命風格既定好的路。人們在夢中使用的方式，與清醒時產生感覺以便採取相應行動的方法相同，也進一步證實了我們的觀點。

我想用一個例子解釋如何在夢中激發自身的情緒，這是我個人在戰時的經歷。當時我是一間大型醫院的院長，負責照顧因戰爭創傷引發精神疾病的士兵。我可以自豪地說，當時這間醫院非常受歡迎，因為我不喜歡把容易情緒緊張的人送往戰場。患者在那都過得很好，不必擔心差別待遇，所以治療效果良好。有次一位年輕人來找我，他抱怨自己神經衰弱，希望我能開證明讓他辦理傷退。儘管他的背部過於彎曲，卻明顯沒有疾病，我還是得將患者報告交給他所屬的駐軍醫院負責人，由他們做出最後的決定。年輕人終於出院的那天，我告訴他，他的病情不足以讓我決定他可以他退伍。他突然挺直了身軀站起來，求我放他一馬，因為他是個窮學生，還必須照顧家中年邁父母，一旦有了意外，整個家都會面臨生存危機。我安慰他我會竭盡所能將他轉成站哨的工作，這樣他還可以另外找一份半職的工作。他不滿意我的建議，哭著求我讓他退伍。但是我也必須考慮當時的戰況與情勢，駐軍醫院的負責人肯定不會接受毫無根據的退伍申請，而且會立刻將他送回前線。晚上回家時我想了想，除了將他轉成哨兵，沒有其他選擇。

那晚我夢見自己是個不知道殺了誰的凶手。我走在在幽暗的小巷裡，感覺像是杜斯妥也夫斯基的小說《罪與罰》裡的主角拉斯科尼科夫（Raskolnikow），那個既有罪又無罪的凶手。醒來時我全身顫抖，像是剛剛殺了人。

我很快地想到這個夢與那個年輕士兵有關，不過是以一種誇張的方式呈現自己不接受他請求的真實感受。

從邏輯上來說，我不得不將他置於危險之中，我只能傷害他。但是我又覺得自己該順著心，我想在夢中殺了自己的邏輯，我想給他一個更輕鬆的工作，好讓他的父母得救。我發現了這種自欺欺人又同時堅持自己理性的想法。

自從意識到這個事實之後，我就不受誇大的情感吸引和欺騙。在這種情況下，常理上（Common sense）很難說我是名凶手，那畢竟過於誇張。我的性情溫和，但夢可以擴大情感流動到彷彿我是凶手般的意象。那是一種比喻（Gleichnis）。我們的審美教育使我們對比喻留下許多想像空間。我們熱愛比喻，但也不能忽視比喻在任何情況下都是一種狡猾的欺騙，就真實事實與邏輯的意義上來說，它是種偽造。這也適用於詩人的比喻。當我們想解釋或描述某些事物，卻又無法只依靠赤裸裸的事實時，總是會使用比喻。做比喻可以顯示當事人的用意。而教師使用比喻除了要補充表達方式，也做為一種手段。

【第八章】夢的理論

到目前為止我們聽過下述夢與做夢者的關係：第一種關係，夢的任務在於營造一種心情（Stimmung），好讓做夢者在生活的某些情況下違反本身邏輯，進而引導至其生命風格實際會帶領的方向。第二種關係，做夢者會使用某些歸因於本身生命風格的手段，藉由夢中出現的意像或是記憶，減輕個人的任務。第三種關係，做夢者傾向使用比較與比喻的方式來增加實現目標所需的心情。我們的觀察與這些看法有一個共通點，就是做夢者需要這種心情，以便能夠朝著一旦使用邏輯與理性就會失去的方向前進。因此他一定不能理解夢境，而是陶醉其中，可以說現實無法在夢中影響他，也無法處處控制他。為了獲得與此觀察一致的結果，夢中會有種導引去決定選擇。這種選擇具有傾向性，事件和過程會從做夢者的記憶片段中產生，就像回憶童年記憶般依據個人的生命風格出現。他的興趣也取決於生命風格，他會對那些有利於追求自我優越的事物感到興趣。我們也想藉由夢境確定一位兒童或是成人的生活模式（Lebensform），這並不是說我們相信夢境發生的種種，但它的確也是一種確認是否與當事人生命風格一致的有效方式，尤其是當我們已經從其他來源獲得一些資訊時。做夢者還有一個製造效果、營造情緒、自我欺騙與自我陶醉的方法，就是簡化問題：不考慮問題的整體範圍，而只針對某個點，好似它代表整個問題。其實人在清醒狀態時也不例外，這點可以在無數日常生活現象觀察得到。例如，一個男孩不想學游泳，也不想下水。人們試圖想改變情況，就會對他說：「最多就是身體變濕，試試吧！」說得好像只要男孩下水，唯一會發生的事就只是身體變濕。做夢的人也常常只會在夢中挑出一個要點，其他的對他來說都不重要。簡化、壓縮問題的另一面就是誇大，我曾提到我在戰爭時想在夢中解決問題。因此我們有機會在夢境中找到結果，並將它們與我們從白日夢、幻想或童年記憶中所獲得的資訊做比較，以便了解孩童對自己任務的立場。

[83]

有些非常典型的夢境會重複出現，即便它們傳達的事件不盡相同，卻往往營造出相同的心情（Stimmung），而且在某些方面很相似。如果知道孩童有個典型的反覆出現的夢境時，就可從中獲取線索。例如，常聽到有人夢見自己從某處往下掉的「下墜夢」，這類的夢對某些人會簡化到只有跌倒的感覺；而有些則會夢得十分投入，甚至從床上掉下來。當然，這種夢境代表了當事人想像自己一不小心就可能會發生的後果。夢境使他產生一種心情，好像有警衛在警告他：「注意，不要越過海里斯河（Halys）[7]，你已經身處險境，有可能會失敗。」

[84]

7 譯註：Halys海里斯河，即紅河，曾發生過戰役。

這類夢境出現如此頻繁，因此可以得出一個結論，就是大多數人都不勇敢，謹慎與恐懼對他們有著重要作用。可以說人類文化被這種恐懼籠罩，假使個人和人類都能有更多勇氣，兩者的歷史可能都會大不同。

還有一種常見的夢是「飛行夢」，可以把這類夢解釋為追求優越感的比喻方式。這類夢境顯示人如何完成現實生活中只能靠超能力才可實現的事情，在有這類夢境的孩子身上，可以看見追求卓越的特質。這種飛行夢有時也會接著出現下墜夢，以表達類似「爬得越高，摔得越深」的概念。

另外一種常見的夢境是在夢中被人或動物追趕著。這種夢境明顯反應了做夢者的天性，他們自認為弱者並把他人視為強者，還顯示出嚴重的自卑感。觀察竊賊的夢境時，會發現同樣的情況。例如他們會夢到自己身處險境，找不到逃生之路，或是被他人追趕，想要把門關上卻關不起來。這種夢境也被聯想到所謂的「噩夢」，做夢者在夢境中感受到難以抵抗的壓力，而且常誤以為自己是清醒的。

我們也常聽到十分普通的夢境，譬如錯過火車或電車，這些車就從眼前駛去。這些人通常自認是個倒楣鬼，並且認為這些不幸只會發生在自身上，永遠不會發生在其他人身上。也可能是某人剛好在困難的時候，感嘆自己如果無須經歷這種種該有多好。他想悄悄地甩開解決任務的方法。考試夢也非常普遍，過去它是種非常令人擔憂的信號，因為考試夢往往連結一種恐怖感，同時會產生恐懼情緒。上述這些都是常出現在許多人身上的典型夢境。

還有些夢會重複出現。如果能正確理解夢境，這些反覆出現的夢會非常清楚地顯示做夢者的性格。從夢境中可以看到，人們如何尋求一座在各種非常不同的狀況下也能達到個人優越目標的橋樑。這些夢境會喚起與當事人生命風格方向一致的心情。

有趣的是，有些人夢多、有些人夢少，有些人甚至不做夢。造成這種情況的原因是因為他們不喜歡自我陶醉、不想扯謊與欺騙，不受情緒約束，也不重視個人情感與感情。還有那些適得其所，或至少不想改變現狀，也沒有動力去解決自身涉及問題的人，他們也不做夢。在日常生活中較常被感情而非邏輯引導的人比較常做夢。有些人的夢境簡短，那表示做夢者已經找到解決任務的簡易方法，並決心營造相符合的心情。漫長又複雜的夢境則顯示做夢者無法創造出一致的心情。一般很難成功解釋漫漫長夢，因為這些做夢者大多還未決定該如何自我陶醉與如何營造某種心情。

這裡有幾個個適合提出討論的兒童夢境。

一位小學三年級男孩的夢境：

「我從未在夜晚做過夢，白天也很少。」

可以推測他是個自我信念堅定的孩子，知道自己的方向、務實而且不允許自己受騙。

「不過有時候我會想像長大之後，要娶那個我喜歡的女孩。」

這個孩子不自欺欺人、有信念而且知道自己長大後的目標。

「我喜歡她，因為她對我很好。如果有天她和別的新郎站在祭壇前，我肯定會跑去推開那個男人。」

看得出來他十分重視這事，而且為此有所準備，必要時不惜全力捍衛。

一個四年級女孩的夢：

「我做了個夢，一個可怕的夢。夢裡我站在一個荒涼、陰森恐怖的大廳裡。大廳有兩扇大窗戶，看起來十分嚇人。我看到死神裹著一條長長的白袍四處游移。它既沒有眼睛也沒有頭髮，卻像在注視著我。我想尖叫卻喊不出聲。突然我看見我父親。他看起來與平常不同，留著棕色山羊鬍，有四條腿而且看起來十分年輕。然後我就什麼也看不到了。」

這個夢儘管複雜卻意喻明顯。這是一個想到已逝親人的孩子，也想到如果有朝一日周遭親友死去會如何。父親在夢中看起來很年輕，因為女孩想安慰自己，父親距離死去的日子還有很長一段時間，她似乎很擔心父親去世後該怎麼辦。女孩和父親的關係似乎比母親更親近。針對這部分我想說明，有些心理學家會認為這是孩子希望父母死去的願望，然而我從未在這類夢境中發現任何對他人死亡的期望。這個夢會營造一種椎心的心情。孩子想到未來，想到如果父親去世自己該何去何從，會是何等可怕。可是她又馬上平靜下來，因為她想父親雖然有一天會死，但幸運的是他還年輕。女孩在夢中看到父親有四條腿，可能是一種類似生氣時罵人驢或是牛的比喻。我不確定是否還有其他關聯。

一個四年級女孩的夢：

「我曾做過一個關於天使的美夢。夢中我在一個花園，有個男人想把我扔進水裡，突然眼前出現一位天使抱緊我，對男人喊道：『如果把這孩子扔進水裡，你就死定了。』然後天使把我帶上天堂，還順帶我的父母一起，那裡好美。然後我就醒了。」

這明顯是位尋求依靠的孩子。女孩與男人處在一種危險的狀態。男人想推女孩入水具有多重含意，這樣的人心裡藏著陰森的念頭，所以身邊必須擁有一位天使保護自己。

當女孩與天使一起上天堂時還帶著父母，也間接證明她是位被溺愛的孩子。

「我曾經夢到耶穌。在那前一天我寫了一封信給祂，乞求能夢見祂。我夢見自己得到一棵非常宏偉、直指天際的聖誕樹。我很開心。」

夢境無非是前一日心理活動的延續，女孩自己做出這個心理結論。

「樹上掛了許多好吃的東西。」

女孩顯然對所有食物都感興趣。

「當我在一個娃娃車裡看見一隻超大的泰迪熊時，我的眼睛睜得大大的。」

可以假設女孩屬於視覺類型者。

「當我想從樹上摘下糖果時，門突然打開，一隻怪獸跑進來又馬上出去。」

這其實對女孩不應該吃零食的警告！

「當我醒來時，聖誕樹和娃娃車裡的大泰迪熊都消失了。夢中媽媽給了我一個吻。」

毫無疑問她是一個非常依賴母親的孩子，心中有著巨大的願望，而那些願望都投射在巨大的聖誕樹上。一個飢渴又貪心的孩子，她在夢裡最後一句話告訴了我們，所有的一切都還不夠，她至少還要從母親那裡得到一個吻。

一個就讀女子學校四年級女孩的夢：

「父親和我去散步，我們走了一個小時又一個小時，卻看不到盡頭。終於我們到了一間屋子休息。」

這個孩子多少感到不安，她還達不到要求。

「我們進到屋子裡，所有東西都是銀製的。我們看著銀子睡著了。」

在夢裡他們睡著了。

「我們夢到有隻魔鬼把我們抓到一座山上。我們都滑下山坡，滾到不同的地方。然後我就醒了，因為已經七點我必須起床。」

倒楣事不斷。結束旅途後魔鬼突然出現，抓了人，然後滑下去、掉下去，幾乎無法好好地留在上方。這孩子的筆跡寫得越來越往下歪斜。或許只是巧合，但會發現這個孩子一直在退縮，她認為自己無論如何都會遇到麻煩，凡事行不通，既然都會失敗，何必還要努力。[8]

一個十一歲男孩的夢境：

「有次我夢見一條小溪。沿著小溪走到一塊枯竭處，有一頭小鯊魚卡在那裡。我掏出左輪手槍，把魚射死。」

這是一個辦事不拖泥帶水的少年英雄。他手邊有把左輪手槍，而魚沒有武器。

「我把魚撿起來的時候，看見牠身上有超過三處的槍傷。」

那當然是件特別的壯舉。

「我把魚帶回家，剖開肚子拔出腸子後就醒了，因為實在太噁心了。」

這部分必須加以釐清，這男孩也可能對事物的內在結構感到好奇，但是對結果不滿意。夢境的架構反映了做夢者的智慧。它不僅能展現當事人的特點，同時提供了我們各式線索。

8 可惜我們沒有弱智孩童的夢境。從這些案例來看，我的結論是合理的，他們的夢境都非常薄弱匱乏。如果夢境可以實證，那就有利於診斷。

另一位同班同學的夢境：

「幾天前我做了一個奇怪的夢。夢中我是名鎖匠，而且是個孤兒。」

顯然他是在思考未來可能會發生的事。

「我和一位漂亮的女人住在一個小房間裡，她長得很像我母親……」

這也可能是孤兒回憶自己的母親。

「……而且她不收我的租金。」

（一位教師告訴我們說這孩子的確是孤兒。）

這裡看到一位十二歲的孩子還無法釋懷母親已逝，他在想像如果媽媽還在世會如何。

「有一天她送早餐給我時，我突然高興地跳起來，因為我認出她就是我媽媽。然後我馬上就醒了。」

孩子認為如果母親還健在，自己可以生活無虞，有人會為他準備早餐，不必付錢，可以永遠快快樂樂。

孤兒常常強調自己沒有母親這個悲哀的事實。您會不斷發現，這類孩子會將生活中遇見的苦難以及不順遂，都歸因於沒有母親的事實。這也常會引發痛苦的情感，使他們覺得比別人矮了一截。

我還記得有個小男孩是個孤兒。他當學徒時被虐待，所以自殺並留下遺書，裡頭寫道：「我寧願和父母一起。」他不再能分辨出現實和幻想之間的巨大差異。

到目前為止討論的夢境顯示，這些孩子都不特別勇敢，除了那個想擊敗強者並娶他心儀女孩的男孩。其他的都是缺乏勇氣的孩子。令人驚訝的是可以不斷在夢境中發現大家都沒有什麼勇氣，可以從他們的夢境與回憶中看到這些孩子的基礎薄弱，受各種恐懼折磨，總是想到危險與失敗，因此不會努力似實現目標；他們不會嘗試用多種方法解決面臨的問題，而是藉由做夢使自己處於某種心情，逃避解決任務或是謹慎面對。這些孩子的行為反映出一個奇怪的「世界觀」，即一個人如何看待自己生活的所有問題，如何處理以及他想從中得出何種結論。如果有一個人比賽時總會焦急、怨天載道、害怕被他人超越，除了向他展示他的世界觀是不正確的以外，還能提供什麼幫助呢？雖說「所有人與所有人的戰爭」（Kampf aller gegen alle）也是一種世界觀，但並非普世價值。我們必須揭露這種觀念的不正確性，並說服人們認識對大眾有用且正確的世界觀。

【第九章】

社群情懷概述

我想總結一下到目前為止所討論的內容，並詮釋一個難以管教的孩童的故事。在接下來的討論中會發現，想理解孩童的最好方式就是將心比心，設身處地思考。如果您曾試著把一幅畫掛在釘子上，直到成功將其掛好，都會有一種十分奇妙的感覺。您可能會有種「身歷其境」的感覺，譬如當您路過一棟房子，看見四樓窗邊有位女傭正站在那狹窄的窗台上擦窗戶時，會感到緊張，因為您會覺得好像是自己站在那裡。觀看走鋼索表演時的感覺也很類似。當一位演講者突然在大庭廣眾下忘詞時，您好像也會感到羞愧。理解其實是一種認同行為。這種身分認同從生命初始就扮演極重要的角色，並且時時伴隨著我們的存有（Dasein）（例如看電影時會跟著入戲、讀一本書時會融入書中的英雄角色）。有成千上萬的例子可以說明如何連結理解與同理心。我們必須要練習這種同理心，就像讀小說時以為書裡描寫的是自己般，而沒有意識到其實是自己對書中人的命運感同身受。因此，當您正確理解那些難以管教的孩童的描述時，您會感覺一旦設身處地思考，也會做出相同的行為並犯下相同的錯誤，也會和對方一樣訂定同樣的目標。如果人們能感同身受，就可以理解他。如果做不到這一點，那麼所有的努力都徒勞無功，人們將無能為力，也看不見他在建構生命風格時所犯的錯誤。而我們備有最完善的武器，同時能借助個人心理學的脈絡，直達偏差發生之處。

大家都知道為了找出錯誤，必須提出哪些重要的問題，像是不滿的狀況持續多久了？通常不滿發生的時機點，正是一個孩童沒有為自己所處的現狀做好準備。可以將新接觸的狀態當作測試，從孩童的回覆或是靜默確認他是否準備正確。人面臨的問題往往與社會相關，這些問題攸關一個孩童如何評價生命、他人與自己的責任。生活中的問題都與社會有關，因此要想得到答案就需要一定程度的社群情懷。如果孩童因為過去沒有學過或是準備過，因而辦不到他人的要求，那他是無辜的，這也因此可以對懲罰原則有另類的觀點。我們有責任調查為什麼孩童沒有準備就緒，並糾正這個錯誤，為他提供適當的準備。回顧了各式會影響孩童生命風格的可能情況，可以說整個架構始於和母親的關係，而且可以從孩童日後的行為中看出其中的關係是否成功。孩童會發揮所有器官功能，注視、聆聽並且表現，好似母親已經成功獲得他對自己的關注，並擴展至他人。之後孩童還會面臨弟弟、妹妹誕生的這個新狀況，這是個可以測出他對別人是否有興趣與社群情懷，或是只關注自己的試金石。孩童還有可能面臨其他的狀況，例如去上幼稚園，或是與自己十分親近的父母一方長期生病，所以無暇照應。另外的情況是孩童因為患病時期習慣周遭呵護，所以康復之後無法接受溫馨關懷不再。除此之外，還有可能面臨的困境，例如被寵愛的孩子有了繼父或繼母，或是成為孤兒。孩童幼時家境優渥，之後因為家道中落，以父母變得貧窮無法再繼續提供物資。當孩童的生活環境有劇變時也會造成極大影響，當孩童從友善的寄養父母或祖父母家搬去不友善的繼父母或甚至會虐待他的父母家時，這種改變也影響甚鉅。只有在孩童遇到困難的情況下，才比較容易看出孩子的準備狀況。學校對孩童的生活也有影響，例如更換導師，尤其是當其中一位導師友善，而另一位太嚴厲；或孩童在學業上沒有成就感，無法跟上課業。基本上可以從一個人的友誼、同儕關係以及所有對人的關注看出社群情懷的程度。

也可以從他後來面臨的職業、愛情與婚姻等問題來推斷社群情懷的程度。無論如何，每個案例都不盡相同。我們關注的是為什麼孩童對他人不感興趣，沒有社群情懷？我想強調的是，只知道鋼琴鍵之間的關係是不夠的，必須有人知道如何彈奏，並且了解關係脈絡。

我們還了解三類準備不足的孩童，他們通常具備薄弱甚至稀少的社群情懷：第一類是有器官自卑的孩童、第二類是被寵溺的孩童、第三類是被討厭的孩童。

這些孩童對自我的興趣遠大於對其他人，因為他們自認在敵對環境長大。為了認識孩童最初四至五年機械化的生命風格，我們採用了各種可以告訴我們孩童遵循路線的輔助跡象。無論是從他的眼神、身體姿勢以及行為舉止都能找到線索。即便是孩童的睡姿，也可以推測出他的生活態度。例如當孩童如刺猬般蜷曲著睡覺，可以知道他可能沒有太多的精力和勇氣；而那些睡覺時全身筆直躺著的孩童，可以推測是因為總想虛張聲勢；趴著睡的孩童通常很倔強，所以展現出反抗的姿態。這些種種都是生命風格的一部分，正如恐懼表達了孩童感到弱勢，也就是說他們往往是被寵愛的孩子。我們還能夠確認最早童年記憶的保留程度。一旦理解這些象形文字，就能從孩童的原始生命形式中推測出許多東西。孩童在家庭中的地位使他以一種特別，甚至是典型的方式發展。孩童的職業選擇、想像力、白日夢和夢境，也提供了對他們生命風格感同身受及理解的切入點。我們把「了解自我」視為自主的教育手段，希望孩童能藉此充分了解自己的錯誤並且擺脫錯誤。一旦孩童理解其中的關連，他對自己的生活就會多一份肯定（Determination），那麼他就不再同於往昔，會開始自我控制並且逐步減少犯錯。這就是「了解自我」可以獲得的成功，而那是永遠無法以懲罰達成的。

那麼社群發展是從何處開始的呢？每個孩童的心理都有機會發展社群情懷。而這種社群情懷是從母親開始，因為她是孩童首先產生連結的人，是孩童交往互動的第一個「你」，她必須成為孩子值得信賴的同伴的榜樣。這是母親的首要功能。母親的第二個功能則是如之前所提的，幫助孩童為生活的各項任務做好準備，使孩童關注他人以及世間的生活。母親必須引起孩子對父親以及其他兄弟姐妹的關注，必須在孩子四到五歲時辨別他是否能成為別人真正的同伴。她可以因此預防許多日後偏差的產生，避免產生問題孩童、防止罹患精神官能症、制止引發犯罪的偏差行為，以及防範孩童因為社群情懷薄弱甚至貧乏，與他人沒有產生真正的連結，而在日後自殺、嫖妓和從事性犯罪等行為。一旦正確掌握這些連結，才有機會看到人們為了防止這些偏差所付出的努力，以及還有許多努力等待著去實行。

讓犯錯的人理解自己的錯誤並非易事。難以管教的孩童的整個生命風格就是拒絕改變。裴斯泰洛齊（Pestalozzi）[9]指出：「您想好好撫養一個曾被放棄的孩子，但他會在各方面與您對立，不斷製造麻煩。」那是機械化生命風格的捍衛，機械化的生命風格不喜歡改變，而是希望像機器一樣繼續往前運轉。治療一個難以管教的孩童時，需要許多耐心、友誼與呵護。孩童需要一個懂得關懷他人的同伴，即便他不懂那份關懷也還是能有所感受，就像孩童對一個自私自利、只顧自我需求的人會反感一樣。如果想激發一個人的社群情懷，可以從母親的兩樣功能獲得啟發：我們的任務是贏得孩子的關注並繼續

9 譯註：Johann Heinrich Pestalozzi，西元一七四六至一八二七年，瑞士教育家，被尊為歐洲平民教育之父。

擴展到他人。因此絕不能重蹈某些母親的覆轍：只想贏得孩子全部的注意或是不願啟發孩子對他人的關懷。我們別無他法，因為喚醒孩童的社群情懷十分重要。社群情懷與個人成長密切相關。具備社群情懷的孩童可以聽也可以看得更清楚，會有更強的記憶力、比較優異的表現，也更有能力結交朋友與志同道合者，他可以是好隊友和團隊的成員，同時也可能比其他人有更多的同理心。因為有了社群情懷，使他能用自己的雙眼正確觀察、用自己的雙耳聆聽以及用心去感受。可以發現那些擁有充分社群情懷的人能夠發揮更多精力，克服困難並且獲得更好的訓練。也會看到那些在學校、朋友圈裡或工作上扮演重要角色的人，同時也能妥善解決自己的生活任務，他們都具備了更充沛的社群情懷。那缺少社群情懷的其他人會如何呢？可以肯定的是他們不會在有用的那一面受到別人注意，即便他們剛好被注意到，也不會持續太久。他們不會受人歡迎，也無法解決生命的三大問題（社會、就業與愛情），因為他們對別人不感興趣，也沒有獲得足夠的訓練。而想要解決這些問題的唯一方法就是融入社群。

我想提出一些難以管教的孩童的特徵，並且示範個體心理學家如何借助個體心理學的脈絡，來理解孩童的特徵與生命風格。

【第十章】

四個案例

案例一

十一歲，職技學校一年級女孩。母親抱怨平日乖巧的女兒有時會有激進的行為。

假設孩童的心理起伏都有脈絡可循，所以可以提出合理疑問：孩童在哪些情況下會有激進反應？

「每當姐姐（她比當事人大十六個月）想要借浴袍，然後擅自從櫃子拿走時，女孩就會失控。她會開始尖叫、怒吼並大聲斥責姐姐，抱怨姐姐可能會弄髒浴袍，所以自己才會如此反應。」

類似情況在家中日常也司空見慣。需要提出疑問的是，平常舉止乖巧的女孩會被哪些原因激怒，進而嘶聲喊叫？我們認為女孩並不只是假裝擺出比姐姐強硬的態勢，而且她內心是真的渴望能比她強大。可以在此看到女孩試圖想超越姐姐。在先前已經提過，兩個兄弟姐妹在同一個參照框架成長時，年幼的那位會努力想與年長的那位並駕齊驅，甚至超越他們。另一方面，年長者則會努力維持或強化個人的地位。

「姐姐有找妹妹麻煩的傾向，並想讓妹妹處於比較不珍貴的地位。」她會故意做一些實驗。「姐姐會拿起浴衣，然後鬆手讓它落到地上。」

可以從此處看出女孩是否有適當的社會準備。這裡顯示她十分關注自我，可以假設女孩較沒自信，所以只能藉尖叫聲來表達自我存在。強烈的自卑感使她日常生活難以平復，因此在某些情況會發洩出來。

「類似反應也會發生在其他場景，就是當姐姐光著身穿過房間走去穿衣服的時候。」

女孩似乎感到害臊，而且她比一般人更容易感覺羞恥。母親表示自己也會感到難為情，所以推論那是女孩尖叫以及憤怒的原因。我們並不認同這個看法，我們認為女孩是因為自卑所以感覺羞恥。這裡同時出現一個疑問，就是兩姐妹身材互相比較的狀況？母親說，大女兒是個吸引人的漂亮女孩，而小女兒則長得矮胖且性格彆扭，所以當家裡出現陌生訪客時，大女兒總難免會被誇獎。而小女兒自認身材矮小，所以天生就處弱勢，擔心自己會落入缺點盡露的處境。

我讓母親明白，我們必須教導孩子在生活中美麗不是最重要的一環，擁有健康與其他事物更有價值。

女孩也展現出對學校的反感，因為她不喜歡去上學，對學校並不特別滿意。母親告訴我最近發生的一件事：小的不想早上七點起床上學，也把這件事告訴姐姐。姐姐回答說：「好啊！那就別起床。在家待一整天！」女孩也真的沒去上學，在床上躺到十點。當人們問她理由時，她說是因為姐姐建議她留在家中的。可以看見女孩處處採取對抗，她利用一切機會陷姐姐於不利。她的目標是與姐姐處於同等地位，然而該如何辦到呢？她在學校方面表現也不佳。根據母親的說法，父母對兩個女兒一視同仁，但是我認為他們比較偏袒姐姐，因為她比較漂亮，而小的也因為長相感到退縮。妹妹因為年紀也處於劣勢，她打不過姐姐，也看不出自己有什麼能勝過姐姐。應該要有人向她指出錯誤，並讓她明白，只有沮喪、覺得身處弱勢的人才會想用嘶吼來壓倒他人。

在此觀察出了女孩的生命風格也看見她出錯之處。母親不僅沒有成功地將女孩的關注擴展到姐姐身上，甚至讓女孩也不想依靠她。母親說：「小孩比較喜歡爸爸，因為我的個性比較冷。」這不是贏得孩子關注的適當方法。如果母親也不關心孩子，那誰會關心呢？如果孩子倆都是男孩，那麼孩子美麗與否的問題就不是那麼重要，然而她們都是女孩，而且生長在一個還算富裕的家庭，他們重視外表多於能力，女孩們自然也會承受到這種壓力。

母親還表示女孩因為舉止笨拙，所以沒有朋友，不過這也可能與她的身材肥胖有關。女孩不主動結交朋友，因為其他孩子會嘲笑她，結果她自然對此變得更敏感。女孩的社群情懷也無施展機會。導師也不太關愛她，因為她什麼事也辦不好，所以在校成績很差。這個女孩真的快無路可走。然而我不認為她在學校方面無法突破，而且那將會是一條可行且有益之路。

女孩也不太接受安排。當母親買東西給她時，她會直接回絕：「如果妳幫我買，我就無法自己做到。」

她也想藉此表達自己可以獨立辦事，而不是受命行事。

對於女孩不愛上床睡覺一事，我們並不感到意外。父母要求年幼的孩子要早點入睡。而女孩覺得這不公平，並說如果姐姐不用上床，她也不會提早就寢。姐姐則堅持年紀小的必須早點上床睡覺。當她們終於吵完，也甘願上床時，彼此仍持續互相較勁，兩個人繼續開著床頭燈看書。然後母親進來房間提醒她們已經很晚了，同時順手關了女孩的床頭燈，並說姐姐可以繼續讀書，當她對女孩說「妳不行！」時，小女孩再次自覺矮了一截。

女孩總是在找出可以大力對抗母親的痛點。她吃飯時總是拖拖拉拉，使得母親在吃飯時間必須花更多精力在她身上。

我問母親女孩是否勇敢？一般父母對這個問題的理解大多不正確。她告訴我女孩一直有人看著，也總是和姐姐在一起。而且當母親不在家時，還有保母照料。當我問到女孩是否喜歡獨處或是會感到害怕時，母親回答說：「她一直都要有人相伴。」

這個孩子永遠處於緊張（Spannung）狀態。例如她學游泳也遇到困難，對游泳教練不信任，因為她自覺處於敵營。假使這樣的孩子獨自學游泳，他們會覺得比較不危險。

我們可以針對這個孩子的治療做以下幾點說明。這個孩子有成為對手（Gegenmensch）而非同伴的危險。她將生活視為一場對抗，所以努力想處於「上位」，而常掙扎在「刀俎或魚肉？」之間，如果當不成刀俎，就會落為魚肉，而她不想成為魚肉。應該要讓她了解，想拓展生活需要的是社群情懷而非相互抗爭。還必須告訴她種種錯誤的原因，並向她解釋，她自以為無法跟上姐姐，所以想盡辦法取代跑在前方的姐姐是錯誤的。這會使她在這場比賽中始終處於緊張狀態，因此在校不會獲得好成績，也無法結交好友。我們的任務是履行母親的功能，先贏得孩子的關注，並努力幫女孩把關懷傳播到他人身上。我們必須幫助她能夠結交朋友。如果我們能夠幫助她成為學校的佼佼者，那將是十分重要的。

女孩回答自己對未來的期望時說道：「我想去父親公司幫忙。」

她想成為像父親一樣的人。在這個聲明中可以看見某種不想往女性化發展的傾向。父親有一家電器店。當我問母親大女兒的未來計畫時，她回答說：「哦！她沒在思考這類的問題！」她可能想結婚，當一名家庭主婦，而且認為一切會水到渠成，所以不需要特別設定目標。在這裡也發現了兩姐妹間之間很大的差異。姐姐的想法並不是為了解決困難而產生的自覺思維；妹妹則相反，她覺得自己不討人喜歡，所以想從事這份工作。

我認為正確的方法就是讓女孩在學校的表現能有進展，而且只要能掌握治療的藝術，使孩子更活躍、更勇敢，鼓勵她多活動並養成樂觀的精神，肯定會成功。我們必須讓女孩成為一個不總是沮喪、不時時刻刻處在緊張狀態，而是感覺良好的社群一員（Gemeinschaftsmensch），她可以覺得一切也都屬於自己，感覺像是在家而非在敵營中長大。

案例二

「我有兩個男孩，分別是七歲和九歲。我還無法正確判斷小兒子的學習狀態，因為他才上一年級。」

這裡有兩個男孩，一大一小。同一個家庭的孩子會有各自的成長情況，不能假設兩個男孩是在同樣的情況下成長。老大曾有兩年是獨生子，明顯就像其他家庭的長子般，是矚目的焦點也是被寵愛的對象，整間房子都是他的天下。第二個小孩突然出現，老大的處境也頓然改變。他曾經有過練習，訓練他如何可以支使一切，就像是個攝政王。然而母親的注意力突然轉移到老二身上，她不再像過去有足夠的時間給老大，而且要老大對家中新成員的到來做好準備也不容易，因此通常會看到大多數的人未能完全準備就緒。老大因此面臨一項重要的測試。許多孩童會因而無法控制嫉妒心，為了想恢復曾經的有利狀況而開始憤怒抗爭，好吸引父母的注意力。而第二個孩子又有不同的情況，他永遠不會是一個人，而且有一個想追上而且可以追上的人。有個孩子曾這麼說過：「我好難過自己永遠不會和哥哥同年」（以掃和雅各〔Esau und Jakob〕）[10]。

弟弟的出生對於哥哥宛如經歷了一場悲劇。哥哥一直害怕會有弟弟，總是怕有人搶了他的地位，如果我們聽到他失去希望，就會將它解釋為是他反社會機械化（unsoziale

10 譯註：舊約故事，故事中以掃和雅各是一對孿生兄弟。

Mechanisierung）的結果，他腦裡肯定印著：「突然有人來搶走了一切。」孩童的態度會有所不同是取決於下述狀況：第一，孩童本身生命風格的形成程度是否容易被推翻；第二，老二的行為表現；第三，父母的行為表現；第四，父母對老大做了多少準備工作，以及他們如何將老大的社群情懷傳播給他人。這些都是我們必須考慮的重要事實。

我們現在來聽聽這個男孩後來的發展：

「相較之下，我覺得老大懶得學習。」

那是猶豫不決的行動表現，可以從中推斷出老大不相信自己可以繼續，他失去了勇氣。他認為走有益那條路已經行不通了，他會在無用那面追求認同。懶惰對教育者代表：「這個孩子在找我麻煩，我得解決。」於是孩子以一種特別的方式實現了自己一直在努力的事——吸引更多的關注，增加他人與自己的互動。學習怠惰就是一種與解決任務保持距離的方式，是猶豫不決的行動。如果觀察懶惰孩童的機械化生命風格，會發現那不是勇於嘗試的孩子的行為。這樣的孩子經常會說：「我不覺得自己比其他人笨，但是這也無所謂。」如果他期望成功，就不會偷懶。懶惰是種自我評估較低的形式。但是即便懶惰，也還是為了追求認同。懶惰的孩子通常會是人們關注的焦點。他們給了別人一個辛苦的任務，就是必須多與自己打交道。如果這樣一個懶惰的男孩被問到自己懶惰的原因時，對於他的回答我們也不會感到訝異：「您看，我是班上最懶的孩子，可是您還是老顧著我，而且也對我很好。坐我旁邊的同學很勤奮，您卻不管他。」懶惰久了的孩子享受著自己因懶惰所得的優勢。一個富人不會總去算自己有多少錢，他在意的是擁有錢。

如果懶惰的孩童有些小表現，就會立即被他人稱讚，如果懶惰的孩童無法辦成某些事，別人會對他說：「要不是你懶，肯定可以辦得到。」能看到懶惰的孩童滿足於這類自己有可能是最棒的感覺，也很不錯。懶惰的孩童並不是真的想嘗試辦到，他只是再次在無用的一面追求優越感。

「到目前為止，無論善意或是嚴厲的勸告都沒有成果。」

男孩不知道自己怎麼了，他隨著自己的生命風格走。可是那就像一個陷阱。他讓別人警告他，也只是表示他真的很想成為關注的焦點。有些孩童還甚至想被人別毆打，他們會因為惹惱父親感到勝利。有些孩童在被毆打時會感到愉悅，這種愉悅有時帶有性欲（盧梭）。

「他總是承諾會更努力。」

您看到他的「我願意！」

「但是最終沒有付諸實行。當他寫作業時，任何一個人或事情都可以使他分心。」

他不相信自己可以經由完成任務獲得外人對他的認可。他有別的方法。

「除了寫作業以外，他對任何事都感興趣。為了讓他能減輕學習的負擔，我規定他每晚告訴我白天在學校所學到的東西。」

可以看到小男孩又成為注意的焦點。他每天晚上可以與父親，一個地位較高的人說話。

「當我晚上回家時，他不會履行承諾。」

他的父親必須親自去找他，提醒他。

「直到我去找他，他才有所反應。而當我問他：『你為什麼什麼都不想學？』他會回答：『我不知道。』」

男孩自認不會在學習方面獲得成就感。我們必須鼓勵他，讓他明白一旦找到正確的方法，他就有脫穎而出的可能性。

「語言、數學及寫作對他而言最難，也是他最討厭的課。」

或許慣用左手[11]是另一個構成他嚴重自卑感的因素。知道這一點很重要。想請您注意一個事實，就是算術較差的孩子通常都是被寵愛、想找人依靠的孩子。所有事物都有其他變通方式，但是算數學沒有，它只能靠自己一個人獨立解決與思考。被寵壞的孩子通常在算術準備不足。

「他不情願靜下心學習也說明了他真的討厭這些科目。他對大自然演變的歷史較感興趣。他還希望能夠在繪畫方面有所表現，但卻只能畫些糟糕的漫畫，顯然他缺乏這方面才華。」

他可能慣用左手！

「他經常可以坐在那或躺在那看天空好幾個小時。」

這些自我評估較低孩子的最大敵人就是時間。這個男孩找到用呆坐來殺時間的方法。

「即便他有很多書要讀，而且已經開始讀了幾本，卻幾乎沒有讀完任何一本。」

11 書寫有困難。

沒有耐心，沒有毅力！看書時就沒有人會理會他，他就不能要求別人。

「他會去找出曾經玩過很短時間的玩具。」

這個男孩，或者更確切地說，這兩個男孩儘管生活不虞匱乏，但是社交圈卻很貧乏。

「這兩個孩子生活中最悲慘的事情大概是他們白天要去幼稚園。」

一個很大膽的聲明。我們希望這個認知是正確的，而且男孩會受到鼓勵。

「幼稚園的園長對我的大兒子有偏見，因為她是虔誠的天主教徒，而我們不是信徒。她告訴我老大會撒謊，心機很重又膽小，而原因就是他沒有宗教信仰。」

毫不懷疑上面描述的特質是源自於男孩的絕望。不得不承認，像這樣一個異教徒的男孩在一個教會辦的幼稚園裡上學，只能靠鼓勵才有改善的可能。如果園長說男孩的問題在於受異教長大，那麼她根本未正確理解，找出痛處。

父親說：「坦白說，我有注意到他身上這些令人討厭的特質。相對之下他弟弟沒有這些缺點，人人都誇他又可愛又乖巧，但卻都數落老大的不是。」

「相對的」表達之後會有的情勢發展：哥哥被弟弟擠到後面。

哥哥變壞而弟弟變好是巧合嗎？一點也不是。哥哥認為自己被弟弟逼出舒適圈，他失去的友誼和愛越多，就流失更多勇氣。而現在成為勝利者的弟弟則感到自在，不覺得彆扭。

案例三

「我對學生貝拉（Bela）有以下觀察：下課時他一開始會跟著吵鬧，接著會像失了神般四處走動，然後同學們會開始取笑他，最後的結果當然就是互吵和互毆。」

如果貝拉像失神般走來走去的這個觀察屬實，那就意味他的心根本不在，學校對他而言是陌生的，所以他的心思在其他事物上，另外他的態度也顯示出他在那沒有歸屬感。要記得一件事，當一群孩子裡有人不合群、不一起玩也不合作時，孩子們會喜歡把這個人當作一個玩物，去耍他、整他和騷擾他。這個過程往往會過度，而且是不正確的行為。孩子們會不斷想讓男孩了解一個群體裡自然都有一定的遊戲規則，男孩會引人注意是因為他的行為脫離了身為社群成員的角色。事實上被寵溺的孩子在學校裡不受其他同學歡迎，他們常會被取笑，被批評太幼稚、過分依賴等等。可以在學校裡看見孩子們要求有團隊精神、要求合群。這是絕對不可忽視的現實力量，它會形成一種強制力，使每個人配合，以便活化每個人的社群情懷。這表明了無論是個人或群眾都存在著社群情懷，同時也顯示社群情懷對群眾的重要性遠勝於個人。可以把它解釋成一種群眾心理現象，也可以解釋當群眾鼓動做某些事時，在其中的個人也會動心，並將個人的考量置後，於是這些人在群眾中時的採取的行為方式會不同於他們單獨行動時。常常可以在學校看見什麼叫充滿社群情懷。它可以建立班上某些秩序，只是內容並不都會符合我們對一個群體的要求；它也可能讓一個班級團結在一起，變成一個調皮搗蛋的群體。可以理解為什麼當有人在班上反對群體意識（den Sinn der Gemeinschaft）時會被阻止。如果一個人向其他人告狀，會被唾棄。孩子們不會討論群體意識，但是人人都會將其視為己事。那些不盡責的人通常不受他人歡迎，而且會被群體排斥在外。因此，也可以了解這個沒有融入團體而且失神四處走動男孩的處境。還可以由此獲得其他線索：第一，一個無法適應學校的人，對於其他與學校相關的人肯定不會有社群情懷和關注。除非假設他是一個受寵的孩子，在尋找一個能令自己感覺寬慰、溫暖以及愛的舒適圈，所以缺乏對他人的關注。第二，男孩會跟著去打架代表他還未完全感到挫敗。打架通常不能被接受，但那是個好的跡象，這個意義和觀察他失神地四處遊走一樣重大，都證明他還沒有完全灰心。

「不過這幾個月來，這事越來越罕見了。」

這證明男孩開始適應，也讓我們知道他會讓自己學習適應，只是很困難所以需要時間。

「這個學生在同儕間感到寂寞。」

這對我們而言也非新鮮事，當然可以想見。

「上課時，我總是特別注意到他對授課內容無法專心。」

因為已經認識他的生命風格，所以不會特別注意他缺乏專心這事，反而能預期這樣的情況發生。因為他心不在焉也不配合，所以無法期待他上課會專心。他只專注在如何能離開那裡。如果有人打擾他的思緒，他當然也無法分心到別的事情上。

「儘管我已經努力禁止，他還是經常咬指甲，而且很專注地咬。」

這是一種反抗的體現，如果接受他在反抗這個事實，那就表明他還沒有完全失去勇氣，他仍然會被同學毆打，也會繼續咬指甲以表達反抗。這裡想指出的是，無論是咬指甲、挖鼻孔或大聲咀嚼都是一種反抗的展示。對於剛接觸個體心理學說的人而言，這種說法似乎太過武斷。這些孩子都聽過數百次他們不該這麼做的訓誡，然而他們還是繼續為所欲為，所以說那是為了反抗完全合理。他缺乏適應文化以及與他人合作的能力。因為這個男孩不和別人玩，他對融入社群毫無興趣。可以觀察到他與生活以及文化的需求之間相距甚遠。我們可以將咬指甲視為一個相對好的跡象，表示他還會反抗而且還不完全變得怯弱。

「或者他只顧著玩手邊的東西。」

這現象對也很合理，而且再次顯示他與學校任務之間的距離。他不是在玩學校相關的東西，也不是在寫功課，而是在玩其他手邊東西。

「有時候，儘管不常發生，他會和從小就認識的同學聊天，但還是不和其他同學往來。」

這裡也同樣顯示他難以適應新情況。如果給他時間，他也可以達到部分成就，但是如果期望他可以馬上有所作為，那就要有他尚未就緒的心裡準備。

他上課喋喋不休在我們看來是好的，您可以因此發現我們偶爾與所謂的校規看法相左。我們自認有理，因為校規不了解個人，而我們了解。我們認為打架、咬指甲是好的徵兆，上課愛說話從某種意義而言對他也是有利的。

「如果要求他寫點東西，他也經常一副聽不懂要求的樣子，只是繼續坐在那裡。」

因為他不聽別人說話，聆聽和觀看一樣都是種連結。這個男孩不想對外連結，他對學校發生的事情不感興趣。他希望有一個他熟悉的舒適環境吸引他。他與生命及自己未來價值之間的距離也比別人還大。

「但是根據我的觀察，我不覺得那是蓄意反抗。」

我們也不認為那是蓄意的反抗。但是他的確不在一個可以一起玩、一起合作的模式（Form）下。如您所見，我們必須改變這個模式，而且不能懲罰或責怪這個模式下做出的表現。

「也許是因為家裡有督促，所以他很少忘記帶書和筆記本。」

「針對他日常狀況，我可以肯定地說，他的記性、智商和想像力是符合中學的要求。」

他表現得十分聰明，也符合他的生活模式。如果期待他做一些還未準備好的事，他是無法辦到的。但那也不該是懷疑他智力的理由。

「他的德文寫作能力讓我確信自己的判斷，除了拼字以外他至少有中等程度。」

儘管如此，還是可以提出原因。當男孩獨自處理一件事務時，他可以成功地獨力完成，因為能完全投入，就像他這個被寵壞的孩子在一個寵愛家庭熟悉的事：談論事物或是討論話題，而我們也可以從他的言談舉止間推論他來自一個重視家教的家庭環境，所以說話有條不紊。那些沒有機會及時在家庭環境練習表達自己的想法、討論問題的孩子，當然對於寫作能力準備得較少，而那並不是因為他們沒有天分。可以懷疑這個男孩和那些孩子也一樣沒有先受過這類的訓練。他在家當然沒有寫過作文，而是以一種也不難推想到的方式做練習——他在家藉由說話及描述事物的因果關係來訓練。為學校相關事物（Gegenstände der Schule）做好準備是個體心理學中極為重要的考慮因素。必須承認，我們真的不知道這些訓練能提高孩子們在學校哪方面的表現。為了孩童的利益，它可能出現在某處無法被視為生活成就訓練的地方。那或許會出現在一個孩子覺得有趣，但是卻不被大人視為能訓練生活能力之處。如果您還記得一個被寵壞孩子的養成，並非每個人都會知道那些訓練隱含了日後的孤立以及厭世（Menschenfeindschaft），也造成他們在童年時將自己從同伴情誼與友誼隔離出來的後果，使他們的社群情懷沒被喚起，反而激起他們成為厭世（Menschfeinde）的角色。如何養成有能力的孩童和人以及避免養成失敗的人生是一個浩瀚的領域。訓練孩童的方法各式各樣，只是無人清楚究竟他們日後的好成績是從何來的。這也是人們對天賦論的攻擊點。所有訓練有素的孩童會自動被錯認為是天賦，而訓練不足或不良者則會被認定為天賦不夠。

「目前的拼寫能力比入學考試及學年開始時有明顯的進步。」

拼寫也是一個充滿未知的領域。我們不清楚為什麼有些孩童在拼字方面時好時壞。不過個體心理學強調的觀點是除了其他因素，孩子是哪一類，如視覺類（visuell）或聽覺類（akustisch）也有影響。視覺類的孩子很可能容易記住所見之物，也對那些東西感到興趣。聽覺類的孩子則記錄下所聽到的。

「同樣的拉丁文考試，他今天的回答可以顯示自己充分理解，可是明天的回答卻大錯特錯。」

這證明他根本沒把心放在那事務上，他在學校有時心情大好，有時很差。也許有人有時對他友善，有時無禮；而他自已有時情緒低落，有時則沒事。這些差異可以解釋很多事情，也值得進一步檢視。

「他常給人一種感覺，好像大家與他之間不可能有精神上的接觸。」

這種印象完全正確。這表達了男孩對於與他人進行合作的連結還未準備好。

「最近他常因為意識到自己失敗而感到沮喪，而且會嚎啕大哭。」

可以從兩方面解釋他的嚎啕大哭：一是那就像一個期待被溫柔、溫暖與禮貌對待的孩子陷入一個困境，所以比其他人對挫敗、懲罰與壞成績的感受更深。二是男孩習慣用哭解決問題，因為他來自一個可以用哭叫引起注意的環境。哭已經成為軟化他人的武器。淚水的力量！

「還有一件很讓人心煩的事情，就是他這一年來口吃狀況明顯增加。」

突然間，男孩不僅試圖關起眼睛和耳朵，也不想通過語言與外界取得連結。口吃意味著他不想啟用已賦予自身的對外連接，因為他有了適合自己的生活模式。可以從隱喻的角度將他所有症狀視為各式口吃。當他與人初次接觸時，他會結巴；當他拼字時會結巴，當他寫拉丁作業時會結巴。可以用口吃這個表象來概括所有這些現象。我們擔憂他今年口吃加劇的狀況，這表明了男孩不僅沒有強化自己與學校之間的連結，甚至削弱，而且他持續想與學校的任務保持距離。這也證明學校有意或是無意使用的方法都不正確。

教師對自己該如何找出成因以及如何補救充滿疑問，所以說：「這孩子自九月以來長高很多，卻變得更瘦。」

聽起來他似乎認為這其中還涉及生理因素，這部分當然也會被採納。我們想了解在這種情況下應採取的措施。我們必須讓男孩明白自己對導師、同伴以及應擔當任務的對應行為不正確。只要男孩不認為自己的行為不對，他就只會覺得：「你們對我的要求太高了。」如果男孩自認不能做到與他人一樣，那將對他的發展造成難以衡量的傷害。然而他的問題在於不知道如何與他人產生連結，而且他也沒練習過，因為他根本沒想過如此做。因此教導的首要任務是改變男孩的錯誤態度。應該向他表明，唯有他與教師、同學以及學習課業建立起連結，同時行為反應不能好像一切與他都無關時，才有可能在學校有所進步。如果他能交到朋友，對他會有好處。教師的鼓勵也可以興起很多作用。然而一個無法從這報告獲得訊息的問題是，男孩何以演變成今日模樣？根據經驗，我們知道他是個被寵愛的小孩，正如我與他母親一次談話中所發現的，他是個獨生子。我們經常在獨生子女身上發現，他們的被寵溺使得自己缺乏與他人接觸的能力，而且寵溺的結果會使他們面對所有其他情況時都感到不舒服而且困難。他們面臨的任務超出過往經驗以及生命風格，所以宛如面臨險境。就彷彿他們走出溫暖的氛圍，而且有把達摩克利斯的劍[12]（Damoklesschwert）在頭頂上盤旋著。當他們陷入困境時，也很容易理解為何他們躊躇不前。這樣的孩子因為被寵壞，所以一旦面臨自己不熟悉的事物時就容易發生口吃現象。我從未見過一個會口吃的孩子沒有在幼童時不被寵壞的。這些經驗迄今為止都被誤解，無論是過度高估或低估重要性。例如有個小孩跌倒之後開始口吃。人們會把口吃歸責為跌倒，因為人們認為口吃是神經失調的結果。但是如果想想，對於一個一直受到保護寵愛的孩子而言，他是無法接受這樣的困境與艱難時，就可以了解為何這個孩子的反應會與他人不同。還常聽到人們說，小孩子被聖尼古拉斯或坎卜斯的眼神嚇到，就會開始口吃。或是小孩不想和新導師有來往，結果被導師賞耳光，小孩不能接受導師的這個自然反應，就開始口吃。

口吃從來不是生理因素造成的，例如結巴者自言自語時通常不會口吃。他們只會在有第二人出現時才會口吃。因為他們宛如生活在一個充滿敵意的環境，意味著危險與困難。眾所周知，那也是被寵愛孩童的顯著特徵。

12 比喻掌權者看似擁有令人稱羨的龐大勢力，實際上卻如坐針氈，無時無刻都戰戰兢兢。現在泛指末日的到來，或者是隨時會爆發的潛在危機。

案例四

「蘿特（Lotte）再三個月就滿十歲，疲倦無力、頭痛、心臟衰竭，醫院檢查結果表示身體健康無礙，一切症狀都只是『緊張』造成的」。

「只是」緊張是一種常用的說法。不過患者對於所謂「只是」的說法卻感到極度不滿。如果把這個訊息視為真相，就可以假設這些症狀是蘿特無法克服內心緊張而產生絕望的結果。因為只要人自信能實現目標，就不會產生這種緊張，而我們也無法觀察到這些疲倦狀態。

「她的奶奶也接受建議，盡量漠視那些無病呻吟。」

這方法在有些情況有用，有些則沒用，畢竟那不是有些醫生認為的萬靈丹。關鍵在於這方法無法矯正孩童任何態度，只是讓孩童的生命風格重新適應新情境，卻還是沒有改變人格。

「奶奶似乎也真的不理她，不過卻常放任女孩用疲倦的理由不去上學。」

女孩無論如何也藉此減輕了一個造成她緊張的負擔——上學。無法從而得知這個孩子是否不喜歡上學，但是相信她上學有一定的目的。蘿特與學校之間存有緊張的關係，那她可能是希望朝這個方向有所建樹。必須假設她在學校並非無望，而且十分努力，只是不確定是否會成功。看起來這個孩子是有野心的，只是沒有信心能實現目標。

對此我們也獲得證實：

「蘿特喜歡上學，而且積極程度超出我們的要求。」

她的積極參與充分證實了我們的看法，她的態度只是表達缺乏某種安全感。她想做一些大事，但她相信一定要搞到筋疲力竭才能辦到。

「她特別想獲得某位教師的青睞。」

我們可以擴大一下思考範疇。當這個孩子被某人吸引，想在某人身上留下正面的印象，那麼她就更願意在那兒閃耀，以便給他留下深刻的印象。這並不違反人性。她對於自己是否能在他人心中留下最好印象的不安全感，促使她死命拼搏。因此她感到精疲力竭，而且這些疲倦會造成如心悸、四肢無力等生理現象。只是這不能完全解釋頭痛的肇因，只是知道在這種情況下會引起頭痛。我們不想強調這是野心造成的結果，想知道的是這種緊張是如何引起頭痛的。如果我們記得有很多人會因為生氣而頭痛，也許有助於解釋我們的發現。憤怒會影響血液循環，可能改變血液相（又稱血球計數，〔haemogram〕），甚至引發許多肉眼都看得到的症狀，例如臉色蒼白或靜脈突出。可以由此得出結論，這種循環系統疾病也會發生在大腦皮層上，假使它引發大腦皮層興奮狀態（Reizzustand），那麼更容易理解何以會引起頭痛。從這種現象可以明顯看出情緒以及緊張狀態會控制血液循環這個事實，這些現象就是這裡所稱的心力衰竭與心悸。當這個孩子感到不安時，會引發某種接近憤怒的激動。

「最近她越來越常因為雞毛蒜皮的事用嚎啕大哭對抗她的家人：奶奶和大她一歲半的哥哥。」

她認為家庭生活中的眼淚可能是個可以指使他人的好方法。她藉由眼淚努力在無益（unnützlich）的一面獲得認同，這是一種沒有實際價值（sachlicher Wert）的個人優越感。

「她不願獨處。」

從某些描述奶奶對她表達關心的情境時，就可以感覺她是一個被寵愛的女孩。得知她和奶奶住在一起時，就已經可以得出這個結論。而不願獨處是無法表達背後更多的意味，那是之前就已知曉的緊張。它們外顯成膽怯與恐懼，也再次顯示出孩子的不安全感。只有旁人陪她時，她才感到被認同。

「有次她在報紙上讀到謀殺案後十分不安，使得奶奶不敢在晚上讓她獨自一人。」

無論是兒童或是成人，普遍都會積極蒐集保存事證，好證明自己不宜被單獨留下。如果不是這起謀殺案，就會是另外一件事。要找到這類事件不難。

「她不願一個人去游泳。」

不易學習游泳的情況常見於被寵壞的孩子身上。他們不擅游泳是很容易解釋的，因為游泳是件必須依靠自己的事，而他們總是依賴他人的支持而沒有學過自立。

「她很少出外散步，喜歡窩在家裡。」

這裡再次顯示出一種希望將活動範圍盡可能縮小的態度。她想用自己的態度表達：「你們賦予我的任務都太沉重。」她總是想全部達標，所以那些任務於她而言太沉重。如果一個人以遊於藝而非必勝的心態面對事物，就不會把生活視為艱難之事，也不會試圖縮小自己的圈子。

「她一個人連續三天，每次兩小時跑去市場觀察活動，只為了寫好她喜歡的教師出的作文功課。」

她仍然希望能在這縮小的行動範圍中獲得自己追求的優勢。

「她表現出的自憐、依賴和膽怯的特徵和她小時候的行徑不符。」

必須假設她身上顯然發生了某些事情，強化了她本來因為被寵溺就有的沮喪現象。據我們所知，她這幾年處境不佳，而且比過往更不順遂。可是我們對此沒有進一步線索。

「以前她和哥哥的區別在於她很能忍、不怕痛（她不像哥哥一樣去看醫生時會哭），而且很獨立也很積極。」

現在知道她在家排行老二，而這個老二就像賽跑時一樣總是想力爭第一。女孩過去一定是這模樣，她可能一直渴望超越哥哥。一定是發生了什麼事，讓她覺得這競賽太困難了。現在的她似乎只希望在一個很小的圈子中尋求個人優勢。我們已經可以推測曾發生過什麼事情。她哥哥近年來已經變得難以超越。哥哥顯然感覺變強了，所以她覺得這場比賽對自己變得困難。通常兄妹一起時，妹妹會較容易受矚目，因為女孩在心理與生理上發展較快，妹妹通常會在這種比較中佔優勢。當他們彼此間有差距時，看來哥哥似乎已經以某種方式獲得了領先，只是還不知道是在哪方面。

「沒有任何外部生活形式的改變可以解釋這個變化。」

暫時還無人知曉可能因素。若真要把這稱為變化，那也只能說是其中一位已經跑得筋疲力竭而轉彎了。女孩是與賽者，但她希望能在這賽事輕鬆些，因為她不再有把握能獲勝。變化的原因也或許是有人讚賞哥哥，或是對她缺乏認同。我們希望進一步了解。

「值得注意的是，哥哥的行為也在這段時間有明顯轉變。」

這個描述剛好應證之前強調的觀點：哥哥應該是變了。

「套句奶奶的話，他現在變得沒那麼令人討厭、更懂事、獨立以及平易近人。」

當然我們也想了解他為什麼現在會改變。可以假設哥哥在這場比賽中變得較好相處，因為他處於領先的地位，注意到妹妹已經被遠遠地甩在後面。也或許是因為他因某事獲得獎勵（例如在學校），而妹妹則把那事當作難題而放棄。

「如果他能隨心所欲就會很有禮貌，在過去他會為反對而反對（用哭鬧、搗蛋還有整他妹妹等方式）。」

哥哥原本覺得無法贏得比賽，現在似乎整個情況已經扭轉了，變成妹妹有這種感覺。兩者生活在一個互相組合的系統中，只能就上下文一起理解。我們想了解：什麼事讓她突然感到崩潰？可能是哥哥現在學業優異而她沒有。我們正在找出突然讓這個孩子在這場比賽無法正常往前衝刺的可能因素。也有可能是哥哥在社交圈產生一些影響，獲得了一定的社會優勢或生理優勢，例如哥哥被稱讚英俊，而妹妹則被認為不那麼漂亮。我們需要探索什麼對妹妹留下如此深刻的印象。

也許我們可以從他們的過往中找到一個合理解釋：

「蘿特出生時由於臍帶問題，所以有好幾週需要特別護理，之後她有腸胃消化問題，使得母親必須日以繼夜照顧她。」

這些是幼兒期的自卑感，使得孩子獲得強大的呵護，簡而言之就是要求更多的照料。

「孩子白天時都很乖，很有耐心。」

顯然那是因為一直有人在旁守護著。

「到了晚上，她知道如何藉著尿床讓母親侍候她，然後利用不斷哭叫迫使母親陪她入睡（這個要求一直持續到她三歲）。」

這些都是被寵壞孩子的明顯特徵。如果有人懷疑尿床源於這種需求的看法，建議他們遵循一個老個體心理學準則，就是先把這些症狀放一邊，研究其他現象。那些必須與孩子的被寵壞的需求有關，也包括尿床一事。

「蘿特在語言發展方面明顯遲緩。」

我們知道被寵溺的孩子通常在語言發展方面落後。

「她很晚才會說話而且十分簡單零碎，顯然她對這個弱點感到尷尬。」

這些都是結果，無法證明她有竭盡全力想克服這個困難。

「有次有個人在她面前提到有個年紀更小的孩子說得比她好時，她居然說道：『鮑爾（Paul）只會說喔，不會說好！』」

當她聽到別人話說得比她好時，她就變得很敏感。可以看見這個孩子明顯不想被視為弱勢。

「她二到四歲時越來越會鬧脾氣。」

這就是這個孩子的發展傾向，總是想在一場激烈的比賽中表現出自己很強大。

「她不想吃飯、不想睡覺，尤其是和母親在一起時。」

這是在被寵愛孩子身上常看見的特徵。

「母親因為工作關係，不能時時刻刻照顧她。而保母常忽略這個比哥哥難看又內向的小女孩。」

在這裡再次發現之前提過的一個觀點，女孩可能在十歲時開始感到沒有自信，而那可能和她的學校環境有關。

「哥哥不打她時，會照顧她。」

她很喜歡被哥哥照顧。但是互相較勁的跡像也不時出現。

「她會在哥哥帶領下一起向父母示威，只是更強硬。」

我們已經習慣老二會有這種反應。長子比較容易達成協議，因為他們更加了解權力的平衡。

「她表現出比他掌握更多權力的特徵。」

必須釐清報告記錄者這麼寫的意思。

「四歲那年她去了育幼院，那裡沒有人會特別照顧她。」

那肯定對這孩子留下了特別深刻的印象。女孩習慣不停有人呵護她，她對每個善待自己的人有好感。對方的善良、友善與溫暖吸引她，然後將她會自己與其結成一體。

「她的語言發展沒有改善。」

她可能不喜歡這個育幼院的教育方式。

「其他智育方面也沒有進步。反倒是在這不利的環境中與哥哥相處融洽。」

他們倆在那裡感到相依為命。可以看到他們在一個相互結合的系統中一起成長。

「他喜歡當保護者。」

這很值得注意。這個男孩可能不太容易被擊倒。假使日後有此情況出現，可能也不會太驚訝。

「她不再尿床了。」

可以經常觀察到當孩子轉換環境時，尿床現象就消失了。許多孩子到了育幼院會繼續尿床，因為他們認為這樣就會被趕回家。這聽起來有道理。有時候孩子因為對新的環境不在意，就會馬上停止尿床。

「她在那除了被打以外，沒有其他特別的狀況。」

「她吃飯，而且準時上床。然後她被送到祖母那，祖母和母親一樣溫柔地對待她。」

可以看到她十分需要被溫柔以對。

「又再次開始尿床情況。」

尿床一事在此意義逐漸上揚。

「她努力很久才改善成半夜起床三到四次。」

尿床一事使她比哥哥占了明顯的優勢。這確認了之前的一個觀察：母親與祖母在晚上是專屬於她，她可以藉尿床把母親與祖母從哥哥那拉開。

「她一直像小小孩說話直到進了一家蒙特梭利幼稚園。她試著改善說話狀況，一開始沒有成果」

如果仔細注意，就會發現萬事起頭難。那些看似馬到成功的案例，是因為這些孩子對這些看似新事物早已練習過，所以不會一開始即失敗。您可以拿學習游泳為例，開始一樣失敗，無法馬上看到成效，什麼都做得不對。但這些都不應該嚇阻您。

「開學前她就先去找導師，以免之後出醜被嘲笑。」

這個孩子一路上總是遇到難題，可以理解她知道何為困難。

「她在學校適應良好，很快就能在其他孩子面前朗讀故事。」

經常可以發現一開始有口語問題的孩子，後來的說話能力都比其他孩子好。她在學校適應良好，說明孩子在那受到很好的待遇，因此她適應良好。

「今天她說得特別流利。她在上體操課時身手矯捷，一點也不笨拙，表現得比哥哥還好。」

從此刻開始她保持了一段領先地位。但是我們還記得前面曾指出哥哥比她擅長體育。

「她對哥哥非常好，還讓他佔便宜（零用錢）。而且與小氣的他相反，她常送他禮物。」

在我們看來，她接受哥哥的優點以及重要性，但這並不意味她想放棄獲得終極勝利。她只是不想和他對抗，而是與他結盟。這讓人聯想到一種政治關係：與哥哥形成聯盟，其實是想成為其中的強者。

「他對她並不好。」

他只是利用這個機會。我們看到女孩的不安全感源於她自覺虛弱，她總覺得要超越哥哥很困難。

「她從與小男孩的友誼中找到替代者。」

這也再次顯示她並不覺得自己很強。但是她想和小弟弟交朋友這一事實也使我們了解到，這個女孩已經感受到了男性的優越感，甚至認可了這種優越感。這肯定對這女孩的關係發揮影響。女孩的轉變顯然是在她意識到社會裡性別差異以及結果時產生的。必須考慮到女孩高估男人而低估女人。她與小男孩交朋友（如我們之前所聞）同時接受哥哥（男人）的保護，展示了她對男性的態度。

「她最好的朋友是一個貌似少女的男孩。」

她似乎想保持平權（Parität）。不要完全像女孩，也不想要男孩都像男孩。她心存低估女性的看法。

「她像母親般一樣照顧他。」

她的優越感再次在此顯現。

「她總是害怕傷害某個朋友（特定的某位），而她自己很容易感覺受傷害。」

這就好像有個法庭，希望確保沒有人受到冒犯。她自己受了點傷，就和每個缺乏安全感的人一樣相信隨便一個小事都能毀了她。

「相較哥哥，她在學校裡深受教師和孩子歡迎。」

「她寫的第一個故事是關於一位小女孩英雄般地救了一個大男孩。」

這清楚表明她努力想讓小女孩強過大男孩。

「她想結婚並成為母親。」

這表明她了解女性的角色，也聽天由命地接受這個角色。只是她想要經由婚姻成為母親後，允許強者控制她。可以從她的願望輕易看出她對自己的女性角色並不感到滿意。

「但是她擔心不知道去哪買傢俱和尿布。」

這裡出現一個新要素：女孩很難獲得婚姻所需的一切。看來她已經想到嫁妝，也已經在考慮自己擁有什麼的問題。

「她與每隔幾年才能見到一次的父親有非常溫柔的關係。」

他顯然對她很溫柔，並向她展示關懷。

「在她即興創作的幻想故事裡，會有各種荒謬的情況發生在他身上。」看起來她似乎很喜歡他，但卻讓他身處各種荒謬情況。許多女孩和女人普遍認為男人是一種奇怪的生物，無法處理日常生活中的各項小事。如果有一群男孩走過女校，您會看見一群女孩們站在一旁咯咯笑。即便女孩高估了男人，也要將男人變得有趣，目的是為了把他拉下。

「下面的悄悄話是兩年前聽到的：『彼得，我長大後，你還會是我哥哥嗎？』『當然』」女孩向前看長大後要往哪裡跑。我不想一直強調又發現了證據，但是顯而易見的，這段對話十分符合我的觀點。

「但是如果我有丈夫呢？」「那他就是你的丈夫，而我是妳的哥哥！」他對她解釋。可以看到她如何設法接受差異。

「但是要怎麼樣的丈夫呢？」「嗯，一個妳喜歡的啊！」

「那我該怎麼做？」「嗯，你只要看著他。」

「但是我該怎麼看他的工作呢？」

她似乎很清楚性別角色的差異，並且認為男人的存在是為了工作。

「男孩笑了。她哭著說：『我不想什麼都一個人做，他也應該要下廚，而不像老爸總是在讀報紙。』」

平權的目標又出現。

如果我們想像如何能幫助這個孩子，得出的結論是，只有提升她的勇氣才有機會。她開始失去勇氣有兩個原因：一是哥哥於她而言太強了。二是她擔心女性角色的施展機會有限，永遠沒有平等的權利來獲得優越。必須了解如何與這個女孩對話，可以告訴她，無論她哥哥哪一方面有出色表現都沒有多大意義，而且即便他現在領先她，只要她也有相對的訓練準備，也一樣辦得到。如果她自認無法達成目標，就應該向她表明那是可能的。必須為她的未來提供更多的安全感，並明確表明她身為一個女孩、一個女人，不需要依賴男人的幫助，也一樣能夠工作、賺錢、添購傢俱等等，而且這些都不是男人的特權。還必須向她解釋，不要輕視家務事，即便這些家務事（做飯）對男人來說不值得。如果他能在別處賺取更多收入，就可以承擔更多。家務事與男人的工作相同，都一樣適合為男人建立好的基礎，這樣兩人在家中可以感到更加穩定、友善，如此兩人就可以做更多的工作。也必須向女孩明確指出，她可以藉千百種方法來使自己勇敢，而不用像以前那樣看待女性角色，也不要認為自己的前途充滿敵人。

【附錄】

1. 個體心理學概覽圖

2. 個人心理調查量表

個體心理學是最能詮釋個體對社群生活意見的學說，基於相同道理，它與社會心理學都是學界及有智識者的共同財產。自卑感（自卑和優越感）學說已被證明是所有心理學家、心理諮商師以及教育者，用來理解難以管教者、精神官能症患者、犯罪分子、自殺者、酗酒者以及性變態的必要關鍵。甚至那些對個體心理學持反對看法或未做表態的學者，也開始往追求、認同以及展開對社群意識路徑的研究。在教育領域方面，個體心理學不僅為其打下基礎，還奠定了研究方向，因此它在此範疇不會偏離原徑。

下面的示意圖為每個人提供了「鐵網」般的個體心理檢查方法。儘管不盡完善，但也足以作為一個良好的指南，就好比一個心理藝術家需要琴鍵才能奏出美麗的樂章。這張圖同時反映了個體心理學這二十多年來的成果。其中需要考慮的影響因素包含幼兒期前五年產生的自卑感、引發貧乏的社群情懷與勇氣、尋覓能有效顯示的優勢、面臨的新問題、患者對自我的距離、患者是否有排斥傾向，以及患者在獲得優越感的表象而非克服困難之後，會在無用的一面尋求表面的紓解。雖然用靜態的圖表捕捉心理運動注定會是失敗的嘗試，不過這張圖表可以讓了解的人很快就明白。同時我需要說明兩點，以避免一些膚淺以及不必要的爭議。首先，人類的發展不必等到每個幼童都能判斷何為有益與無益之後才能繼續。這種認知超出常人的理解，而聰敏的人比單純的人更能了解其中

阿德勒：標準與失敗的個體心理圖

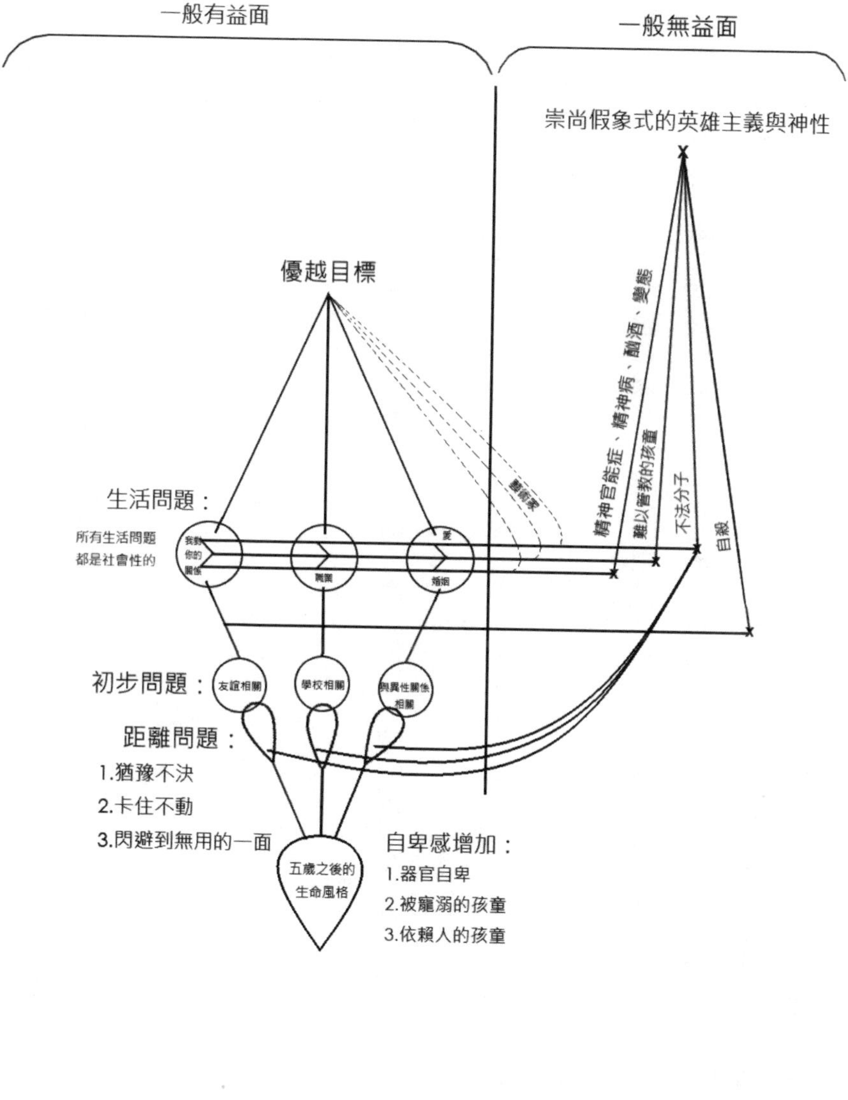

的原因。畢竟根據種種人類經驗顯示，這種差異不僅發生在個人身上，也會發生在群體上。其次，精神官能症患者以及難以管教者，無論是在有益面或是無益面都有不同的發展路徑以及進程。

國際個體心理學協會起草了一份個人心理調查量表，同時解釋了如何用來理解與治療難以管教的兒童。

1. 孩童表現不滿多久了？當孩子明顯受挫時，他是處於何種心理狀態以及有何外顯行為？

↓環境改變、剛入學、轉學、有新導師、弟妹出生、學校成績受挫、結交新朋友，以及孩童個人或父母生病等都是會產生影響的關鍵外在因素。

2. 孩童是否先前已有異樣？是否是因為身心不濟造成？他是否感到恐懼，覺得自己被疏離？他是否退縮、突然變得笨拙或是表現嫉妒？他是否無法獨立吃飯、穿衣服、洗澡或是上床睡覺？是否害怕獨處或是天黑？他是否清楚自己的性別角色？他的第一、第二與第三性別特徵為何？孩童接受異性教育的程度？他是否是繼子女、私生

子女或是養子女？孩童與監護人的關係如何？是否與他們還有聯繫？他是否屆齡即能走路與說話，是否毫無障礙？他的牙齒是否發育正常？是否有明顯的書寫、算術、繪畫、歌唱或是游泳問題？他是否會明顯依賴某人，例如父親、母親、祖父母或是保母？

↓要注意孩童是否對生活興起敵對態度，找出引發自卑感的原因，以及孩童是否傾向排斥正視困難以及人際關係，是否出現自私與過分敏感的徵候。

3. 孩童有很多壓力嗎？他最怕什麼東西和什麼人？他晚上會哭或是尿床嗎？他愛頤指氣使嗎？只敢如此對付弱小還是一視同仁？他有怪異的舉止嗎，例如喜歡躺在父親或是母親的床上？他過胖嗎？是否舉止笨拙？是否有佝僂病？他的智力如何？是否常被他人嘲笑？是否十分在意髮型、衣服和鞋子等外在虛榮？他愛挖鼻孔或咬指甲嗎？是否在吃飯時總是狼吞虎嚥？

↓這裡主要是為了確定孩童是否有勇氣展現自我，同時可以確認他是否因為反抗而不至於養成強迫性動作（Triebhandlung）。

4. 孩童是否容易結交朋友，還是令人討厭，而且會整人和欺負動物？他是否喜歡指揮

他人？還是排斥對外交流？他是否喜歡收集東西？是否小氣或是愛錢？

↓這部分主要是看孩童是否主動、與他人交往的能力以及受挫程度。

5.孩童對外的各種關係狀況如何？在學校行為如何？喜歡上學嗎？每天很晚才回家嗎？孩童是抱著開心還是厭煩的情緒去上學？孩童會掉課本、書包或筆記本嗎？他寫作業或考試前會緊張嗎？他會常忘記寫作業或是拒絕寫功課嗎？他會虛耗時間嗎？是否懶惰或是一副毫無興趣的樣子？他上課容易分心，會打擾他人嗎？孩童與教師之間的關係呢？他愛批評別人嗎？是否傲慢或是隨便？他會主動找他人協助完成任務還是總是等著別人要求才行動？他在上體育課或參加運動比賽時有求勝心嗎？他自認有一點天份還是絲毫沒有？他喜歡讀很多書嗎？哪一種書籍會吸引他？他會偷竊、會說謊嗎？

↓這些問題可以洞悉孩子對入學的準備程度、解釋孩子在學校實驗當中的結果以及他在面對困境時的態度。

6.孩童的真正狀況：舉凡家庭關係、是否有遺傳疾病、是否有酗酒和犯罪傾向以及是否患有精神官能症、殘疾、梅毒、癲癇疾病？孩童的家庭狀況：是否有家人逝去？

孩童的歲數？他是孤兒嗎？誰是一家之主？孩童家教嚴格、一般還是寵溺？孩童對自己的生活狀況感到憂心嗎？家人照料狀況如何？

↓可以看到孩童在家庭中的位置，並評估會產生的印象。

7. 孩童在家的排行是老大、老二還是老么？是獨生子或是獨生女嗎？是否與家人有競爭關係？孩童愛哭嗎？還是愛取笑他人或是批評他人？

↓這些資訊對個人角色意義重大，可以說明孩童對他人的看法。

8. 孩童迄今的職業選擇？他如何看待婚姻？家人的職業為何？

↓由此可以得出孩童對未來的勇氣與信心狀態。

9. 孩童最喜歡的遊戲以及最喜愛的故事為何？他最喜歡的歷史以及欣賞的故事人物？孩童是否會打斷別人遊戲？是否會沉迷在幻想世界？還是處於清醒思考並拒絕幻想？是否會做白日夢？

↓可以得出孩童對英雄角色的思考方向。

10. 孩童最早的記憶為何？他是否有印象深刻或是經常重複出現的夢境？（飛行、墜落、被壓制、沒趕上火車、奔跑、被抓住、惡夢等。）

↓我們經常會看到孤立的傾向，以及暗示著過度謹慎、虛榮的警告聲音以及偏好獨處和鄉村生活等等。

11. 孩童何時會退縮？是否覺得受到不平等待遇？他是否接受別人的關注與稱讚？有妄想狀況嗎？是否會逃避困難或是經常半途而廢？孩童對未來是否感到茫然？孩童是否自認遺傳了不良基因？是否受到團體霸凌？是否對世界充滿悲觀？

↓這個重要的面向告訴我們孩童是否對自己失去信心，以及是否在錯誤的途徑上尋找方向。

12. 孩童是否還有其他如扮鬼臉或是故意裝蠢、幼稚等不良習慣？

↓這些是屬於孩童嘗試吸引人們注意自己的膽怯行為。

13. 孩童是否有語言障礙？本身外表是否不佳？是否有畸形足或是O型腿？是否發育不全、過胖、過高或是過矮？他是否有視障、聽障或是智力障礙？孩童是否慣用左手？夜晚是否會尖叫？外型亮麗嗎？

↓這些都是孩子在成長過程中會過度在意的窘境，它們會導致孩童長期感受沮喪。外貌姣好的孩童也會發生類似的偏差發展，他們陷入一種暗示，以為自己無須費力即能獲得所有東西，從而錯失正確準備面對的生活。

14. 孩童是否能坦然面對自己能力不足以及缺乏「學業」方面的天賦，或是欠缺工作上以及生活上的能力？孩童是否有自殺的念頭？他的失敗與犯錯在時間上有連帶關係嗎？（例如迷失、集結幫派。）是否高估表面的成功？他是否表現卑微、道貌岸然或是叛逆？

↓這些是因為持續感受沮喪而形成的表達方式。通常是在使用錯誤方法之後才發生，這種方法往往是因為持續的不切實際以及對環境缺乏足夠了解，然後從副戰場上尋找替補人員。

15. 兒童的正向表現？

↓這是重要的提示，因為孩子的興趣、傾向和準備方向可能會朝著與迄今使用方式不同的方向發展。

這些問題無法用條列式的方式提出，只能應用在對話之中，所以永遠無法以固定模式建立，必須隨機使用。藉由調查量表中獲得的人格意象往往有著可能不太合理，但卻可以理解的失敗原因。這些錯誤可以用平和、有耐心且不帶威脅的方式釐清。

中德對照表

國家圖書館出版品預行編目資料

個體心理學講座：阿德勒談校園裡的問題兒童 / 阿德勒（Alfred Adler）著 ; 彭菲菲 譯. -- 初版. -- 臺北市 : 商周出版 : 家庭傳媒城邦分公司發行, 2020.06
面： 公分. --
譯自：Individualpsychologie in der Schule：Vorlesungen für Lehrer und Erzieher
ISBN 978-986-477-854-6（平裝）
1. 教育心理學 2.兒童教育
521 109007329

個體心理學講座：

阿德勒談校園裡的問題兒童

原著書名 / Individualpsychologie in der Schule：Vorlesungen für Lehrer und Erzieher
作者 / 阿德勒（Alfred Adler）
譯者 / 彭菲菲
企劃選書 / 林宏濤
責任編輯 / 張詠翔

版權 / 黃淑敏、林心紅
行銷業務 / 莊英傑、周丹蘋、黃崇華、周佑潔
總編輯 / 楊如玉
總經理 / 彭之琬
事業群總經理 / 黃淑貞
發行人 / 何飛鵬
法律顧問 / 元禾法律事務所 王子文律師
出版 / 商周出版
城邦文化事業股份有限公司
臺北市中山區民生東路二段141號9樓
電話：(02) 2500-7008 傳眞：(02) 2500-7759
E-mail：bwp.service@cite.com.tw
Blog：http://bwp25007008.pixnet.net/blog
發行 / 英屬蓋曼群島商家庭傳媒股份有限公司城邦分公司
臺北市中山區民生東路二段141號2樓
書虫客服服務專線：(02) 2500-7718・(02) 2500-7719
24小時傳眞服務：(02) 2500-1990・(02) 2500-1991
服務時間：週一至週五09:30-12:00・13:30-17:00
郵撥帳號：19863813 戶名：書虫股份有限公司
讀者服務信箱E-mail：service@readingclub.com.tw
歡迎光臨城邦讀書花園 網址：www.cite.com.tw
香港發行所 / 城邦（香港）出版集團有限公司
香港九龍九龍城土瓜灣道86號順聯工業大廈6樓A室
電話：(852) 2508-6231 傳眞：(852) 2578-9337
E-mail：hkcite@biznetvigator.com
馬新發行所 / 城邦(馬新)出版集團 Cité (M) Sdn. Bhd.
41, Jalan Radin Anum, Bandar Baru Sri Petaling,
57000 Kuala Lumpur, Malaysia
電話：(603) 9057-8822 傳眞：(603) 9057-6622
Email：cite@cite.com.my

封面設計 / 李東記
排版 / 新鑫電腦排版工作室
印刷 / 韋懋實業有限公司
經銷商 / 聯合發行股份有限公司
電話：(02) 2917-8022 傳眞：(02) 2911-0053
地址：新北市231新店區寶橋路235巷6弄6號2樓

■2020年06月初版
■2024年02月初版2刷
定價 320 元

Printed in Taiwan
城邦讀書花園
www.cite.com.tw

ISBN 978-986-477-854-6

商周出版

廣　告　回　函
北區郵政管理登記證
台北廣字第000791號
郵資已付，免貼郵票

104台北市民生東路二段141號2樓

英屬蓋曼群島商家庭傳媒股份有限公司　城邦分公司

請沿虛線對摺，謝謝！

商周出版

書號：BK7093	書名：個體心理學講座	編碼：

請於此處用膠水黏貼

商周出版

讀者回函卡

感謝您購買我們出版的書籍！請費心填寫此回函卡，我們將不定期寄上城邦集團最新的出版訊息。

不定期好禮相贈！
立即加入：商周出版
Facebook 粉絲團

姓名：________________ 性別：☐男 ☐女

生日：西元________年________月________日

地址：________________

聯絡電話：________________ 傳真：________________

E-mail ：

學歷：☐ 1. 小學 ☐ 2. 國中 ☐ 3. 高中 ☐ 4. 大學 ☐ 5. 研究所以上

職業：☐ 1. 學生 ☐ 2. 軍公教 ☐ 3. 服務 ☐ 4. 金融 ☐ 5. 製造 ☐ 6. 資訊

☐ 7. 傳播 ☐ 8. 自由業 ☐ 9. 農漁牧 ☐ 10. 家管 ☐ 11. 退休

☐ 12. 其他________________

您從何種方式得知本書消息？

☐ 1. 書店 ☐ 2. 網路 ☐ 3. 報紙 ☐ 4. 雜誌 ☐ 5. 廣播 ☐ 6. 電視

☐ 7. 親友推薦 ☐ 8. 其他________________

您通常以何種方式購書？

☐ 1. 書店 ☐ 2. 網路 ☐ 3. 傳真訂購 ☐ 4. 郵局劃撥 ☐ 5. 其他______

您喜歡閱讀那些類別的書籍？

☐ 1. 財經商業 ☐ 2. 自然科學 ☐ 3. 歷史 ☐ 4. 法律 ☐ 5. 文學

☐ 6. 休閒旅遊 ☐ 7. 小說 ☐ 8. 人物傳記 ☐ 9. 生活、勵志 ☐ 10. 其他

對我們的建議：________________

____

____

請於此處用膠水黏貼